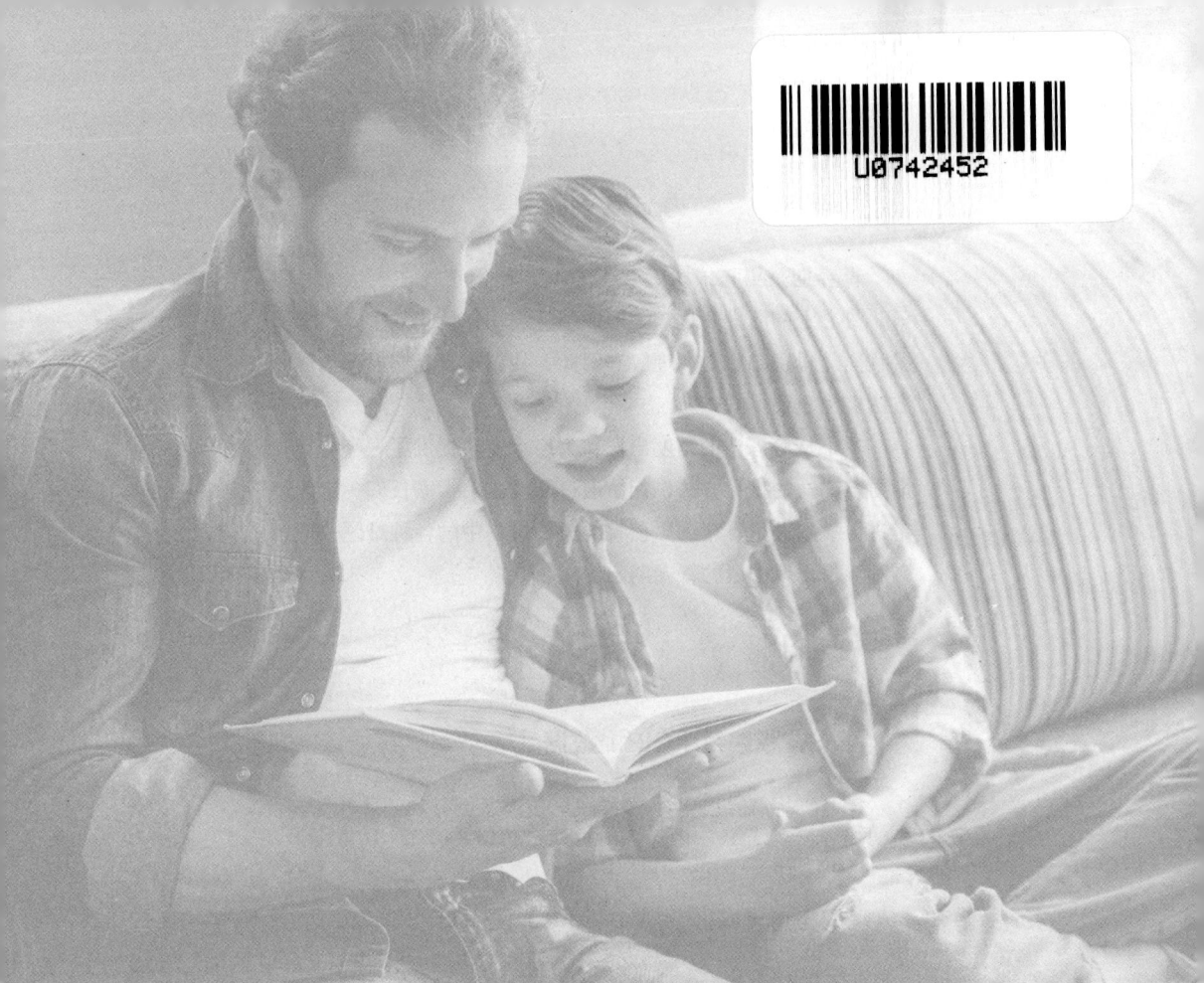

10～16岁青春叛逆期，
这样跟男孩沟通更有效

吕顺朝◎编著

中国纺织出版社

内 容 提 要

青春期是男孩成长的关键时期，他们正处在人生的岔路口，身心上的巨大变化、学习成绩的波动、情绪的多变，都需要我们父母用心感受和理解。因此，找到与青春期男孩沟通的方法极为重要。

本书从心理学的角度出发，为广大家长提供了一套与青春期男孩沟通的指导方法，相信通过阅读本书，家长们一定能够走进男孩的心里，帮助男孩解决成长过程中的各种难题，进而顺利渡过暴风雨般的青春期。

图书在版编目（CIP）数据

10~16岁青春叛逆期，这样跟男孩沟通更有效 / 吕顺朝编著.—北京：中国纺织出版社，2018.8（2024.10重印）
ISBN 978-7-5180-5118-2

Ⅰ.①1… Ⅱ.①吕… Ⅲ.①男性—青春期—家庭教育 Ⅳ.①G782

中国版本图书馆CIP数据核字（2018）第120007号

责任编辑：闫 星　　特约编辑：李 杨　　责任印制：储志伟

中国纺织出版社出版发行
地址：北京市朝阳区百子湾东里A407号楼　邮政编码：100124
销售电话：010—67004422　传真：010—87155801
http：//www.c-textilep.com
E-mail：faxing@c-textilep.com
中国纺织出版社天猫旗舰店
官方微博http：//weibo.com/2119887771
天津千鹤文化传播有限公司印刷　各地新华书店经销
2018年8月第1版　2024年10月第8次印刷
开本：710×1000　1/16　印张：14.5
字数：193千字　定价：36.80元

前　言

相信很多父母都听过"青春期"这个名词。所谓青春期（又称青少年期），是儿童期至成年期的过渡时期，体格、性征、内分泌及心理等方面都发生了巨大变化，个性、品质等世界观及信念逐步形成。

青春期是人生中最美好的时期，也是决定男孩一生的关键期。青春的岁月如同钻石般珍贵，如鲜花般灿烂，然而，青春期也是狂风暴雨般的时期。为此，不少父母感到教育青春期的男孩让他们心力交瘁——原来与自己无话不谈的儿子现在对自己关上了心门，一天到晚都说不上几句话；原来把所有精力放到力争第一名上的男孩如今却迷上了网络游戏；原来老师和家长眼里的乖男孩，却突然学会了打架……面对青春期男孩的变化，父母感到不知所措，他们很想拉一把儿子，却发现无处下手。

心理医生认为，男孩在 10 岁之前是对父母的崇拜期，而 12~16 岁是孩子的"心理断乳期"，许多西方心理学家也把青春期看作个体发展的"危险期"。男孩进入这个年龄段，随着身体的发育、所学知识的增加以及知识面、阅历的增加，他们的自我意识增强，渴望脱离对父母的依赖，因此，极易对父母产生"逆反心理"，不服父母的管教。

对此，一些父母以为大声呵斥就能让孩子听话，而实际上，这些父母是否想过：你们要求孩子听话和了解你们的意思，但你们有没有了解过孩子的想法？要了解这些信息，父母首先要认识到沟通的重要性。

沟通，要求父母向孩子敞开心扉，要让孩子了解你心里的想法，同时也要倾听孩子内心的声音，互相了解和沟通，才能知道孩子心里到底想什么，"对症下药"才能担任孩子成长路上的引导师，帮助孩子健康成长。

那么，什么样的沟通才是有效的？在考虑这一问题之前，我们不妨先反思一下：您是否发现，孩子越来越不愿意和您交流？您是否过于唠叨？您与孩子的话题是否永远都是学习、听话？您是不是经常暗示孩子一定要考上大学？之所以要求我们家长反思，是因为孩子在长大，或多或少会表现出逆反心理，我们越是要求他们，他们越不听。最好的做法是改变我们自己的做法，打开与孩子的交流之门，缩短与孩子的心灵距离。

的确，青春期的家庭教育不是一门简单的学问，而是敏感、复杂，需要认真对待。但与男孩沟通并不难，只要父母学习并掌握有关青春期教育的知识，并对男孩认真加以引导，就可以避免男孩误入歧途，早日成才。如果父母还把男孩当孩子看待，用昔日的教育方法对待青春期的男孩，那么男孩不但不会接受，还会用反叛、固执、粗鲁、执拗、孤僻等极端的情绪来对抗。

最后，希望每一位阅读本书的父母，都能用自己的爱心和耐心，引导男孩正确处理青春期成长中的一些问题，让男孩在青春期树立正确的人生观、价值观，并掌握丰富的学习技能和生存本领，从而为培养一个优秀的男人做好充足准备！

编著者

2018 年 4 月

目　录

第1章

了解10~16岁青春叛逆期男孩的心理，是有效沟通的前提

随着青春期的到来，男孩的身体发育加快，思维也开始完善，他们开始思考自己，思考未来与人生，同时，他们会面临很多不解与困惑。此时，渴望独立的他们本能地开始摆脱这些困惑，于是，他们变得叛逆起来……一些父母一看到孩子出现与以往不同的举动，便会产生焦虑心理，甚至对孩子严加管教。实践证明，这种方法并没有太大的效用。其实，面对青春期孩子的逆反，最好的方法是蹲下身来，和孩子沟通，并建立一种平等的朋友关系，理解、支持你的孩子，建立起真正的亲密关系，让孩子的世界真正接纳你！

男孩为什么突然有了很多自己的想法——青春期的男孩进入了"心理断乳期"

家长的烦恼

　　王女士的儿子已经12岁了，刚上中学，一直听话乖巧，她也一直很省心。但历来在教育问题上，王女士遇到了一些困惑，无奈，她只好找到儿子的班主任："我儿子从小就是个听话的孩子，学习也很自觉，学习成绩也不错，所以很顺利地考上了这所市重点中学。我不明白的是，孩子怎么一到中学就变了很多，以前我给他零用钱他都舍不得花，现在倒好，每月生活费总是不够花。后来，我才发现，他喜欢买那些时尚的东西，还打扮得像个小混混，为此我常教育他，可他常常与我顶嘴，总是强调'时代不同了'，说我是老生常谈。我甚至告诉他，有本事就自己挣钱，结果他顶嘴后几天不理我，有时候还去同学家一住就是几天，我应该怎么办？"

　　生活中，王女士这种情况并不是个案，很多家长都遇到过，尤其是当男孩到了十几岁，便不再听父母的话，他们好像突然一下子有了很多自己的想法，喜欢按照自己的想法行事。于是，很多家长不解：我那个乖巧的儿子怎么了？我该怎么办？

其实，这些情况对处于心理断乳期的青春期男孩来说，都是很正常的现象。

心理医生认为，12~16 岁是孩子的"心理断乳期"。那么，什么是"心理断乳期"呢？

人的一生有两个重要时期，一个是生理断乳期，发生在 1 岁左右；另一个就是"心理断乳期"，发生在 16 岁左右。

为人父母，我们都知道，男孩在婴儿期断乳都是痛苦的。面对饥饿，他们疯狂地哭叫，张开待哺的小口执拗地寻觅母亲的乳头，而狠心的母亲却一勺勺给孩子喂进他所陌生的食物，孩子一次次倔强地吐出，最后终于进食了。这就是人类适应环境的一次重大转折——生理的断乳。

接下来，他们从 12 岁开始，逐渐脱离对父母的依赖，直到 16 岁完成。这个过程，就是少年逐渐摆脱父母、走向成人的过程。这一过程，被心理学家称为"心理断乳期"。此时，男孩渴望获得独立、渴望父母重新审视自己，把自己当成成人看待，但同时，他们自身又有很大的依从性，无论是精神上还是经济上，他们都不能摆脱对父母的依赖，尤其是当他们遇到一些青春期的生理和心理问题的时候，更需要获得父母的帮助。

可见，青春期的男孩渴望塑造自我，渴望独立，渴望周围的人以及父母把自己当作成人来看。而作为父母，我们只是想要回原先所习惯的那份透明的亲密无间的关系，希望能洞彻儿子的内心世界，生怕儿子一个人外出遭受危险，我们更受不了在儿子与我们之间横亘着一个我们无法洞察、无法把握的地带。

那么，我们该怎样才能找回那份亲密的亲子关系呢？

为此，教育心理学家建议我们这样和男孩沟通。

1. 多理解，少责备

在这个时期，不同的男孩依据转变程度的不同会出现不同的状态，他们非常渴望家长的理解。而生活中，一些家长只要认为男孩做错了事，就不分场合、方式地批评他，可以说，这是家长的通病。而实际上，这个时段的男孩是叛逆的，也是脆弱的，有时候，你不经意的一句话就可能伤害他们的自尊心，渐渐引起男孩内心的愤恨、埋怨甚至仇恨。

所以批评男孩前先要弄清缘由，不要乱批评；需要批评时，要注意语气、场合和方式；批评时要循循善诱，使他心甘情愿接受。而对男孩的困难和挫折，要真心帮助解决。

2. 尊重其自尊心

一方面我们要尽量支持男孩，尤其是在他们遭遇困难、失败的时候，帮助他们分析事件和心理，理出一条可行的、能够被孩子接受而不僭越事物寻常规则的解决方案。

但另一方面，家长不应迁就男孩不合理的、伤害自己及他人的行为，尤其在过激行为上要加以制止，以防男孩以后总是用反抗的方式来要挟父母，达到自己的目的。但切记要通过男孩能接受的、说服式的方式，避免硬碰硬，伤害到一些内心比较脆弱的孩子的自尊心，而导致他们封闭自己的心门，不再和父母亲沟通交流。

3. 给男孩表达的机会

作为家长，要在家庭中发扬民主，平时要多注意和男孩沟通，让男孩发表自己的观点，这可使男孩感觉到无论做什么，只有"有理"才能站稳脚跟，这对发展男孩个性极为有利。

总之，遇到王女士的这种情况，我们一不要害怕，二要教育引导，三要注意方式。这样就能与儿子建立一种亲密的、平等的朋友关系，帮助其顺利度过这个"心理断乳期"。

一点小事为什么就发脾气——男孩需要父母的尊重

家长的烦恼

宋太太的儿子桐桐已经上初二，一天早上，桐桐在去学校的路上突然想起自己昨天晚上的试卷忘记带了，就赶紧骑车往回赶。

当他掏出钥匙打开家门时，看到妈妈正从自己的房间里出来，表情奇怪。桐桐径直走进自己的房间，想拿试卷，但他推开房门后脸色马上变了，因为书桌的抽屉全部敞开着，自己的日记本、同学送的生日礼物及贺卡等全都胡乱地堆在桌子上。

桐桐非常生气地质问妈妈："你为什么翻我的抽屉，随便动我的东西？"

没想到宋太太却比他还生气："怎么了？当妈妈的看看儿子的东西还有错吗？"

"可是你应该经过我的允许才能看啊！"桐桐很愤怒地回答妈妈。

"小孩子有什么允许不允许的，别忘了我是你妈妈，好了，快去上学吧！"宋太太毫不在乎地对桐桐说。

生活中，这样的场景并不少见。在不少父母看来，青春期是暴风雨般的季节，对于儿子的成长，一定不能忽视，于是，为了防止危险事件的发生，他们会偷看儿子的日记、检查信件、追查电话、查阅短信、翻查书包等。

他们认为这些都是小事，儿子毕竟还小，他们这样做是在关心孩子，一切都是为了孩子的成长，防止孩子走入歧途，以免孩子一步走错，步步皆错。

一些懂事的男孩可能会理解父母这样做是出于对自己的爱护，但是，父母的这些行为都是对男孩的不信任、不尊重，伤害了男孩的自尊心，让他们感到不舒服。于是，这些男孩对父母偷看他们的日记、私拆他们的信件很反感，甚至有些男孩总爱给家中自己使用的抽屉上锁。总之，父母和男孩之间竖起了一道鸿沟。

其实，青春期是叛逆的年纪，这个阶段男孩的自尊心比其他任何年龄段都要强，他们更渴望独立和别人的尊重。随着年龄的增长，他们对父母的依赖减少，独立意识逐渐增强，成人化倾向明显，希望别人尊重他们的自主性、独立性；同时，随着生活领域的扩大、知识信息的增多，他们的内心变得敏感起来，感情变得细腻起来，会产生许多想法，原先敞开的心扉渐渐关闭，有了自己的隐私；而且，即使他们有不少话想说，但观点已经与父母有所不同，于是他们与父母的心理沟通就会明显减少，转而把自己的"秘密"和内心的感受都倾诉在日记里。

这时，如果父母采取强硬和蛮横的手段，想方设法去查看男孩的日记、偷听男孩的电话等，无视男孩的感受，随意侵犯他的隐私，很明显，男孩一定会产生一些负面情绪，如发脾气。因此，有很多父母很纳闷，为什么孩子会发脾气？其实这是因为他们渴望被尊重。

因此，家长在平时与男孩沟通的过程中，需要注意以下几点。

1. 要把男孩看成一个独立的人，而不是你的附属品或者专有物品

孩子是个人，不是物。他是人，就有感情，就有他自己的行为方式，就有自己的独立人格，也有他的隐私权。

2. 尊重男孩

青春期的男孩是未成年人，他们的一切都还处于可塑期，如果男孩从小就受到尊重，他便懂得自尊，也会懂得怎样去尊重别人。那些对人彬彬有礼的男孩，肯定是在家里受到尊重的孩子；那些蛮不讲理、行为粗野的男孩，在家里一定得不到他人的尊重，甚至常常受到伤害。所以，如果你想把自己的儿子培养成高素质、有教养的人，那么，你首先要做这样的人。要让孩子尊重你，你便应当先尊重他。

3. 用心观察男孩的成长

我们要用心观察男孩的成长，进入青春期的男孩，对成人的封闭性、对伙伴的开放性更显得突出，会有更多的隐私，这些"小大人"似的男孩尤其需要得到尊重。

人类最不能伤害的就是自尊。在家庭中建立亲情乐园，要从尊重男孩开始，让男孩有一种被保护的感觉。被幸福感包围的男孩，才会长成一个心理健康、懂得尊重的好男孩！

"我就是不想回家"——青春期的男孩渴望摆脱束缚

家长的烦恼

王先生的家在郊区，离孩子学校有点远，所以平时都是他开车接送儿子。这天下班后，王先生还是和平时一样，在学校门口等儿子出来，但是放学时间都过了半个小时了还是没看到儿子。

王先生觉得事情不妙，于是，他赶紧给儿子打电话，但儿子却关机了，他意识到儿子肯定是出事了，赶紧通知妻子和孩子的老师，希望大家帮忙找找。最后，王先生发现儿子一个人坐在学校篮球场的角落里。

王先生和妻子纳闷儿了，为什么儿子不回家呢？后来，在沟通中，王先生才明白是自己的家教太严了，总是不许儿子这样，不许儿子那样。十几岁以前，儿子确实是个听话的男孩，但随着青春期的到来，儿子觉得这样的管教很窒息，他甚至觉得家就像个牢笼一样，所以他害怕回家。

王先生苦恼：青春期的孩子到底该怎么教育？

这里，王先生的儿子为什么不想回家？因为家对于他来说就是束缚。生活中，我们每个人都需要自由。其实，我们的儿子也是一样，如果我们束缚住男孩的手脚，不许他做这个，不许他做那个，对他大包大揽，那么，男孩会感到窒息，他的一些优良的个性心理品质也会被压抑。而随着孩子慢慢长大，当他们进入青春期，他们的自主意识也越来越明显，对于无法呼吸的成长环境，他们一定会反抗，那么，亲子关系势必变得紧张起来。

每个青春期的男孩最渴望的就是得到父母的理解，我们发现，很多青春期男孩举着"理解万岁"的大旗高呼"父母不理解我""渴望自由"。每个男孩都希望生活在一个民主型的、和睦的家庭中，这样的家庭才会给自己一个温暖的归属港湾，当家庭不和睦时，孩子就会"有被抛弃感和愤怒感；并有可能变得抑郁，敌对，富于破坏性……还常常使得他们对学校作业和社会生活不感兴趣"。

可见，任何一个男孩，都希望得到父母的认可和尊重，希望父母承认自己已经长大，能够处理一些自己的事情，需要更多的空间，而更多时候，家长往往把他们当成未成年人，所以对他们仍抱有一定的不信任态度。有些男孩一旦发现，便会觉得自己被他们轻视、小看了。这往往会打击他们的积极性，使他们对长辈产生半敌视心态。

作为父母，我们要记住的是，孩子是独立的个体，而不是我们的私有财产。那么，怎样才能给孩子提供一个足够自由的空间呢?

教育心理学家给出以下建议。

1. 不要剥夺男孩独处的机会

你要知道，青春期的男孩已经是半个大人了，他们完全可以照顾自己，可以独立处理一些问题，对此，我们千万不可强制，否则，很容易引起男孩的反感。例如，在独自外出之前，我们一定要与男孩订立安全协议，如不可在晚上 10 点之后回家、遇到问题要给爸妈打电话等。

2. 相处时，把主动权交给孩子

一般来说，青春期的男孩不想与父母在一起，是因为他们不希望周围的人把自己看成孩子，看成父母的附属品。为此，我们应解除男孩的这种心理负担，如让他自己决定今天去哪里、做什么等。这样，他会感受到父母重视自己的意见，他们渴望独立的心理被理解了，自然，他们也就乐意和父母一起享受天伦之乐了。

3. 不要过度保护男孩

男孩的成长过程虽然是充满恐惧的、战战巍巍的，但也是充满乐趣的。他们会摔跤，但作为父母，我们不能扶着他走，因此，如果你的儿子想尝试，那么，你就应该鼓励孩子，让孩子有尝试的勇气，而不是这样说:"算了，多危险，不要做了。""小心点，你会伤害自己的!""你不能做这个，太危险了!"这样，男孩即使想尝试，也会被你的提醒吓退。

4. 在条件允许的情况下，让他自由支配时间

虽然你的儿子还小，但我们也应该尊重他，让他有一些自己独立支配的时间，如晚上的空余时间，男孩想睡觉还是看书等，我们不要干涉。

总之，任何一个男孩，他的成长都需要自由的空间。自由就好像空气一样，男孩成长的过程中，如果没有自由，他们是无法健康、快乐地成长的。因此，要想使青春期的男孩成长得更快，我们就需要给他提供足够的自由空间。

"我有时开心，有时闷闷不乐"——青春期具有情绪多变性的特征

家长的烦恼

杨先生自己经营一家传媒公司，公司上上下下几十个人，工作很累，免不了回到家还带着在单位工作的情绪。

这不，他回家看见妻子还在看电视不做饭，就有点儿不高兴了："小磊一会儿回来饿了怎么办？你怎么不做饭？"

"我怕我做饭了，你们父子俩又不合意，那不找骂吗？"妻子一脸委屈的样子，他也就没说什么了。

"爸妈，我饿了，怎么还不做饭？"这时，小磊正好回来了。看见爸妈没做饭，不高兴了，走进自己的卧室一把把门摔上，看书去了。

"这孩子怎么了，现在怎么脾气这么坏了？小时候可不是这样，越长大越不好管了啊？我去跟他评评理，这是什么态度？"杨先生很是生气，正想冲进儿子的卧室，教育儿子一下，被妻子一把拉住。

"孩子这个年纪，情绪不稳定是正常的，我们大人也不例外，你刚刚回家时不也是这样吗？我们要理解呀……"杨先生觉得是这么个理儿，火也就消了。

男孩到了青春期，情绪变化得会更快，青春发育期作为人的一生中迅猛发育的时期，形态、生理、心理都在急剧变化，特别是生殖系统的突变，会给青春期的男孩带来不少暂时性的困难，同时，他们要求独立的意识也随之加强，于是，男孩会像一匹脱缰的野马，那些情绪也随之四处乱撞。可能刚刚那个活泼开朗的孩子一下子就变得闷闷不乐、喜怒无常、神神秘秘了。

儿子长大了，很多父母知道为孩子增加丰富的食物营养，却不太注意这个时期的儿子内心世界的变化和需要，对于男孩多变的情绪也无从理解，这导致儿子最终与自己的距离越来越远，也会很容易产生父母子女关系的对抗。很多男孩发出感叹："为什么爸妈不理解我？"

因此，当孩子进入青春期以后，作为父母就要体贴和帮助儿子，对儿子身心发展的状况予以留意，对他们某些特有的行为举止要予以理解并认真对待。认识到青春期的特点、理解儿子，才能和儿子做朋友，帮助儿子度过这个"多事之秋"！

那么，作为父母，当你们对男孩的情绪予以理解后，又该怎样帮助男孩顺利梳理好情绪呢？

这需要我们与儿子有以下沟通。

1. 做好表率，克制自己的脾气

家庭气氛的融洽与否，直接关系到青春期男孩的情绪自我控制能力。如果在一个家庭中，父母动不动就大发雷霆，或者父母脾气暴躁，那么，是培养不出一个自我情绪控制良好的男孩的，因为父母解决问题的方法、对他人的态度会潜移默化地影响孩子，男孩从他们身上接纳的是消极的处事策略；久而久之，好发脾气、我行我素等不健康的个性就会在男孩身上显现。所以，在家庭教育中，父母要想成为儿子的朋友并用自己的言行积极地影响他，就必须首先改变自己，当要发脾气之前想想身边的孩子，控制住自己，换一种方式解决问题；也为自己找个情绪的出口。当您的脾气难以克制，已经发出之后，对身边的男孩说声："对不起，爸爸错了！"

2. 告诉男孩"降温处理法"

作为父母，当你的儿子产生情绪后，你不妨先不理他，这既可以让你自己先冷静下来，也给了他一个考虑的时间，避免在气头上把本想制止他不听话的行为变成"不信我就管不了你"的较量和在他身上发泄怒气，也不给他因"火上浇油"造成继续发作的机会。

其实，这是一种心理惩罚，他会发现，自己的这种情绪完全是没有道理的。当男孩的情绪"温度"被降下来以后，再告诉他你这样做的目的是不让他冲动，然后让他也学会这种情绪调节的方法，以此帮助他提高自我制约能力。

3. 在日常生活中多与男孩沟通，培养他理智的个性品质

每个男孩与生俱来都有着不同的个性特点，但不管哪一种个性的形成都是一个渐变的过程。有些男孩把什么都挂在脸上，做事冲动、情绪易怒等，如果父母对于男孩的这种个性品质听之任之，那么，男孩就会把父母的容忍当成武器。而如果父母在生活中能够对孩子晓之以理，让他从各个方面了解情绪化的危害，那么，男孩也就能慢慢学会控制自己的情绪，逐渐变得理智、成熟起来了。

以上是几个简单的能帮助青春期男孩调节情绪的方法，总的来说，父母和男孩做朋友，用理解、劝导的方式来指导他们，他们一定可以快些度过这一情绪多变期！

"我还是个孩子" ——男孩长不大怎么办

一位母亲说："现在孩子的劳动意识真难培养，我儿子都初中一年级了，还是衣服脱到哪儿就扔到哪儿，更别说收拾整理了。我们像他这么大的时候都自己洗衣做饭了。"

另一位家长说："我也觉得对孩子进行家务劳动教育很重要，但现在的孩子功课这么紧张，玩的时间也没有，再说，他们似乎已经形成依赖心理了，有次我让儿子去帮忙倒个垃圾，他就说：'我还是个孩子呀。'当时我在想，你已经15岁了呢。"

可能不少父母会发现，即使你的儿子已经进入青春期了，已经是个大小伙子了，但还是像个孩子一样，甚至当你希望他去做一些力所能及的事时，他会以"我还是个孩子呢"这样一个理由回绝你，很明显，这说明，你的儿子内心还是幼稚的。

其实，男孩在青春期依然幼稚，与父母的教育是分不开的。很多男孩都在被父母长辈宠爱的家庭长大，他们所有的精力都放到学习上，很多父母也习惯了为男孩操办一切，而这样没有独立意识和自理能力的男孩是危险的，也难以在未来社会独自生存。为此，作为父母，从现在起，我们有必要逐渐引导男孩幼稚的心理，使其逐渐成熟起来。

为此，教育心理学家为家长提出以下几点建议。

1.学会放手，培养男孩的自理能力

首先父母要有让男孩独立的意识，否则所有的行为都是一句空话。而所谓独立的意识，简单来说就是男孩能做的让他自己做，因为每个人的生活终将是自己过，家长不能在他青春期时剥夺他独立生活的意识。只有这样，男孩以后才能走得好，走得让家长放心。

从男孩学走路的那一刻，男孩就已走上自己独立的征途。对父母来说，则要做到，孩子能自己走，哪怕走得歪歪扭扭，会摔跤，也要让他自己走。

2.让男孩学会分担父母的负担

在一次课堂上，老师为同学们讲了这样一个故事：

有个小男孩，从 5 岁开始，因为家境贫寒，他不得不工作，他的工作就是捡垃圾。每天放学后，他会捡一个小时的垃圾，然后拿到附近的垃圾回收站换钱，再拿换到的钱去附近的小卖部去买点面条或者酱油等，剩下的钱他会自己存起来。就这样，一直维持到他 15 岁。15 岁那年，他的爸爸突然患上疾病，需要钱做手术，妈妈和其他亲戚心急如焚，不知从哪里筹钱时，他将一万多块钱拿给妈妈。

妈妈问："你怎么会有这么多钱？"

他说："我是家里的男子汉，从小存的，以备不时之需，这次能用上了。您拿着吧。"拿着钱，妈妈的眼睛湿润了，给了他一个大大的拥抱。

一个 5 岁的男孩就懂为父母分担，在自己的父亲有性命之忧时，他救了父亲一命，这就是一个男子汉的责任心，更是孝心。作为父母，我们也要把儿子培养成这样的男孩。

3.鼓励男孩积极投入到社会实践中

要想让男孩积极投入到社会实践中，并从中有所收获，我们可以尝试在假期给男孩找一份工作，主要是一些服务性行业的零工，如卖报纸、送报纸、当小保姆、售货员、售票员等，因为这种服务性行业的打工对体力要求不大，只是对男孩的工作态度有一定要求，更重要的是这些工作可以与各行各业的人打交道，同时又可以获得一定的报酬，让男孩很容易获得一种成就感，并体会到劳动的乐趣。

在工作中，通过扮演不同的角色，可以让男孩亲身体验工作的辛苦，这样不但可以体会到父母的不易，并由此对父母更加尊敬和爱戴，自然而然地产生一种感恩意识，而且可以培养孩子勤俭节约的意识。

总的来说，我们一定要让青春期的男孩多动手，告诉他"自己的事情自己做"，这有利于培养男孩自理的习惯和自立的能力。更重要的是，男孩的幼稚心理能得到改善。另外，我们一定要有耐心，只有这样，才能培养出一个独立、成熟的男孩！

"我就是要有个性"——如何纠正青春期男孩我行我素的行为

家长的烦恼

谭先生的儿子小天今年14岁。最近，谭先生出了一趟远差，当他回来后，发现儿子变得简直自己都认不出了：顶着一头黄头发，黄头发中间又夹染几撮红头发，还穿了一条满是破洞的肥牛仔裤，耳朵上好几个耳孔。谭先生无法接受，就来到学校，希望老师能对孩子做出一些疏导，但令他惊奇的是，儿子班上大部分男生都是这个打扮。

事后，班主任对谭先生说："青春期的孩子就是这么叛逆，他们知道我们无法接受，但每次看到我们这些长辈和周围的人所表现出来的异样的目光，他们就扬扬得意，因为他们觉得自己受到了关注。"

作为父母，你是不是发现你的儿子最近变了？到了青春期后，他不爱穿以前的衣服了，因为那些衣服其他小伙伴也有。他们不想听父母的话，他们不再喜欢可爱的小萝卜头……这倒其次，你甚至会发现孩子喜欢上一些新奇的打扮，让你无法接受。你的儿子为什么会变成这样？其实，这只是男孩叛逆的一个方面，随着自我意识和好奇心的增强，他们希望自己活得有个性，希望成为周围人关注的对象。于是，很多青春期男孩会不遗余力地让自己变得很另类。除此之外，为了使自己像个大人，容易交到朋友，更显得轻松、潇洒、大方，许多男孩用零用钱吸烟、喝酒，有的男孩在青春期过分追求穿戴打扮，更有16岁左右的中学生与同学传出恋情……家长每天都在管儿子，可男孩依然我行我素。有时家长管严了，男孩竟以离家出走相要挟。这些青春期叛逆的孩子让家长头痛不已。

通常，父母会忧心，不知道儿子心里头在想什么。担心他们行为偏差或有更出格的状况出现，也怕孩子崇尚名牌乱花钱，更担心他们的安全。的确，青少年的逆反心理如果得不到及时合理的调适，进而发展成不可调和的矛盾或者难以愈合的伤口，那么就很可能导致孩子做带有明显孩子气的傻事和蠢事，最终酿成悲剧。

教育心理学家指出，对于青春期的男孩，我们要这样疏导他们我行我素的行为。

1. 对于孩子与众不同的行为不要大惊小怪，更不要直接批评孩子的审美观点

如果我们直接对儿子说："瞧你什么德行，跟小混混有什么区别？"那么，他多半会立即反驳：你不懂，你不了解我的感受，从而排斥父母。父母要阅读一些流行信息，或利用机会教育，如跟儿子外出，在地铁或路上，看到有女孩穿露臀的低腰裤，跟儿子讨论："你如何看待穿着暴露的女孩子？""女孩子如果穿着暴露的衣服走在大街上，你感觉如何？""你认为这样好看吗？""你喜欢这样穿吗？""这样露给别人看，想证明什么？"引导男孩思考。

2. 真正关心男孩，不要只在意他的学习成绩

生活中，有些父母工作太过繁忙，他们只关心男孩每次的考试成绩，甚至孩子换了一个新发型、一件新衣服，他们都没有察觉出来。于是，这些孩子采用一些新奇的打扮、怪诞的行为来引起父母的关注。

对于这种情况，作为父母，一定要对他说："对不起，爸爸妈妈一直以来都忽视了你的感受！"真心向男孩道歉后，你就必须用行动证明自己在关心儿子，不仅要关心他的学习，更要关心他在生活中的细小变化等。你可以告诉他："不错，今天这发型绝对回头率高！"得到父母的认可，他们对自身的形象会信心大增。

3. 引导男孩认识心灵美才是真正的美，才会赢得他人的真正尊重与佩服

很明显，我们都明白，只有学习成绩和良好的道德品行才会得到周围人的认同，但对于青春期的男孩，他们并不一定有这一层次的认识。因此，作为父母，不妨以事例引导："你爸爸今天在回家的路上救了一位差点被车撞的老大爷，周围的人个个都竖起了大拇指。"或者和孩子一起观看具有启发意义的电影、电视剧等。另外，我们还可以和孩子一起评价周边的

人等。在这个过程中，给孩子传递我们要注重外表，但是内心的美才是最重要的，让男孩的思想在潜移默化中得到改变。

总之，青春期的追求个性并无过错，他们只是希望获得关注。因为他们需要的不是我们大呼小叫的训话，也不是我们无休无止的打骂，他们需要的是我们含辛茹苦的引导和疏导。

第2章

了解青春期男孩的特点，找到最佳沟通技巧

每个男孩进入青春期后，随着身体的发育，他们在心理上也发生剧烈变化，他们有着敏感的神经，这种敏感针对他们周围的每一个角落，他们可能动不动就发脾气、自尊心强、爱攀比、总是和父母顶嘴等。此时，我们父母绝不能用言语暴力去激化矛盾，而应该在孩子的这一极端时期扮演"消防员"，放下架子，主动和孩子沟通，了解他们的心理状况，如果发现问题，最好以建议的方式引导他们，通过关爱他们给予孩子稳定感，帮助孩子疏导青春期的种种情绪！

爱顶嘴——叛逆期的男孩总是家长说一句他顶十句

家长的烦恼

这天，在一个心理诊所，一位母亲表示很苦恼，希望得到医生的帮助。这位母亲说，他的儿子过了这个暑假就念初三了。可不知怎么回事，从这个暑假开始，就感到儿子好像变了一个人，平时要么一个人闷在房间里上网、玩游戏，要么就是对家长不理不睬。更奇怪的是，前两天她和爱人想跟儿子好好沟通一下，谁知没说几句话，儿子就顶撞说："我就是不知好歹，不可理喻。"还用电脑打了"请勿打扰"几个字贴在自己房间的门上，气得自己无话可说。

实际上，生活中还有一些青春期男孩比案例中的这个男孩更为逆反，他们基本上不和父母沟通，父母说一句，就顶十句，而且，无论怎么样，他们总觉得自己是对的。而作为过来人的父母，自然更有"发言权"，于是，很多父母便为了更正孩子的观点而极力发表自己的观点，如果双方始终坚持自己的立场，那么，极容易产生一种对立的关系。其实，作为父母，如果能感受男孩的想法，你会发现，其实孩子的想法也有一定的道理。

很多家长一看到孩子出现与以往不同的举动，就认为这是青春期的逆反行为，担心自己的让步就意味着孩子的越轨，然而，对孩子的每个小细节都横加指责会使较小的争吵升级为全面战争。因为，孩子最厌恶的就是父母对自己管得太多、干涉太多。

为此，在男孩有逆反苗头的时候，家长首先要反思，也许是自己正在挑起这种情绪，或者男孩对自己的什么地方有意见，然后有针对性地找办法解决。

1. 把命令改为商量

在很多问题上，父母不要太过武断，也不要替男孩做决策，而应该先询问男孩的意见，"你是怎么认为的呢？你打算如何处理呢？你打算什么时候开始做呢？"这就表示了我们对男孩的尊重，在了解他的想法后，如果有些部分不正确，那么，我们再以研究和探讨的语气与之商量："我能理解你的想法，但我们还要考虑这件事的可行性，不是吗……你认为妈妈的意见对吗？"

青春期的男孩都是聪明的，有判断力的。如果你的话有道理，他也是会采纳你的建议的。同时，交流会越来越多，亲子关系也会更好。

例如，男孩想周末去朋友家玩，你可以和他商量，让其和更多的孩子去交往，但一定要讲究原则，如你去的地方要告知家长，你什么时候回，都有哪些人，玩多长时间，等等。如果他要求在朋友家住，你要告诉他不行，如果晚了，爸爸妈妈可以去接你。那样爸爸妈妈不会担心。支持他，同时也告知他不能破坏原则。这样既使男孩得到他的快乐，也不会放纵他。给男孩一个空间，让他自己去体验，去成长。家长永远是孩子的后盾，是支持者和帮助者，才不会让男孩离自己越来越远，才会让孩子幸福快乐地成长。

以商量的方式去解决问题，即使商量失败，但感情氛围会增强，有利于以后问题的沟通。家长经常的错误是，问题没解决，还破坏了和谐气氛，阻断了感情沟通，失去今后问题解决的机会。

2 不妨让男孩吃点"苦头"

这个阶段正是男孩形成主见的关键时期，小错肯定难免，所以，家长应该允许他犯一点错、吃点亏，不要过分束缚男孩的手脚。

举个很简单的例子，如果你的儿子"要风度不要温度"，寒冬腊月坚决不穿毛衣，商谈没成功，不用着急，让他挨冻一次没关系，真感冒了，他会明白你的意图，至少以后会考虑你的意见。

总之，对于青春期叛逆的男孩，支持要比压制好，商量要比命令好。另外，只要孩子的想法合理，就要给予全力的支持！

经受不住失败——青春期的男孩更好强、在意别人的评价

家长的烦恼

小林已经 3 天没回家了，这让林先生一家免急如热锅上的蚂蚁。小林一直是个很乖巧听话的孩子，他还是学校初三年级的学生会主席，这次怎么说不见就不见了呢？

给学校打了几次电话之后，林先生才了解到，原来前几天儿子代表学校参加了全市初中生英语演讲大赛，而因为紧张，他表现不大好，没拿到

奖项，被一些同学嘲笑了几句。原本儿子打算把这次的奖状当作自己15岁的生日礼物，但没想到却是这样的结果。林先生明白，小林一直都很好强，这次的失利无疑对他是个很大的打击，更别说被同学嘲笑了，怪不得儿子会"玩失踪"。后来，林先生想到一个地方——小林外婆去世前留在农村的老房子。果然，小林就在那里，见到爸爸妈妈，小林哭了，哭得很伤心。

曾有人说，越是好强的人，越是经受不住失败。可见，这句话是有道理的，青春期男孩也是一样，这个时间段的他们已经有了竞争意识，已经明白成功会带来被人敬佩和夸赞的眼光，也更在意别人的评价。于是，在这些孩子之间，会形成一个你追我赶的竞争态势。对于这一点，家长要给予肯定和支持，但男孩若是太要强，就很容易使得这种竞争心走向歪曲。例如，他们一旦失败，就会质疑自己的能力，失去自信，回避类似的竞争，甚至一蹶不振，或者眼红别人的成功、在背后诋毁别人等，这都会耽误他们正常的学习和生活。为此，我们父母在日常和孩子的沟通与交流中，需要注意以下几点。

1. 多给孩子面子

俗话说，"人要脸，树要皮"，青春期的男孩和成年人一样，他们也有"面子"，也需要得到众人的尊重。当他做得不好时，你马上指出来的话，有没有考虑场合，考虑他的自尊心呢？

如果你当着别人的面说："看人家多自觉，你能不能长进点？"你会发现，男孩以后的问题会越来越多，而且越来越不听话。因为你不给男孩留面子。如果你当着老师、亲戚的面数落他，那情况就更糟，他要么变成可怜的懦夫，要么成为一个偏激者。因此，父母切记：不要在男孩面前说太多坏话。否则，你的"抱怨"会毁了孩子的社会形象，也毁了自己在儿子心中的形象。

2. 不要总是负面地评价男孩

一般来说，如果男孩学习成绩不好或者在竞争中不断受挫，会出现负面情绪，此时，我们对男孩应有一定的引导策略。男孩输了的时候，不要做出"是因为你笨"之类的评价，避免男孩将失败归因于自己能力差等内部因素，引导男孩在竞争中学会分析自己的能力、任务的难度、客观环境等，客观地进行归因。

3. 帮男孩找到他的长处，提升其竞争力

我们要鼓励男孩，告诉他不必过分在意别人的评价，要相信自己。每个人都不可能是全才，有长处也有短处。帮助男孩找到自己的优点，帮助男孩建立坚定的自信，这是我们家长首先要做的。家长要引导男孩挖掘自己的优点，不断强化，使男孩走出自卑的困扰而变得自信起来；帮助男孩发现自身优点和长处是克服害怕竞争的良方。

另外，我们要告诉男孩，即使处于劣势时，也要保持积极进取的态度，而不要采取贬低或破坏对方来获得自己的优势，也不要心生嫉妒或采取不正当的手段，更不要就此一蹶不振。

总之，我们应该教会男孩看重和享受竞争的过程，因为人生说到底就是一个过程，而不是结果。人的进步在于不断地超越自己，而不是和别人比高低。

暴躁易怒——遇到不顺心的事就发脾气

家长的烦恼

这天，忙得焦头烂额的林太太居然接到学校老师的电话，被叫到学校，原来是儿子在学校闯祸了。令她不解的是，儿子一直很乖，连和人大声说句话都不敢，怎么会闯祸呢？

林太太匆匆忙忙赶到学校，才问清楚情况：原来是班上有些男生挑事，说林太太的儿子小强是"胆小鬼"。老师告诉林太太，班上传言，小强喜欢某个女生，但一直不敢说，这些男生知道后，就拿这件事嘲笑小强。而小强则因为这件事很生气，于是大打出手，体型高大的他把那几个男生都打得鼻青脸肿。

"我的孩子怎么了？"林太太很是不解。

案例中，一向乖巧的小强怎么会突然这么容易被激怒而对同学大打出手？日常生活中，如果我们被人叫作"胆小鬼"，兴许我们会生气，但绝不会太过情绪激动而做出一些伤人害己的事。

可能很多父母发现，当我们的儿子进入青春期后，脾气就异常火暴，稍微遇到一些不顺心的事就会发脾气，有些父母在不了解男孩情绪特点的情况下，甚至教训男孩，让青春期男孩的叛逆情绪更突出，亲子关系更紧张。

实际上，青春期是一个负重期，作为青春期的男孩，他们至少面临三方面的压力和挑战。

（1）身体正在急剧发育，使他们积蓄了大量能量，容易过度兴奋。

（2）学习上的任务很重，面对激烈的竞争，心理压力普遍比较大。

（3）更重要的是，随着年龄的增长，他们渴望对外部社会有更多的了解，人际交往也逐渐增多，各种各样的信息纷至沓来，这就使他们需要处理的问题越来越多，越来越复杂。每个青春期的男孩的血液里都流淌着亢奋的血液，青春期的他们把什么都挂在脸上，不像成年人那样善于控制或掩饰自己，常常喜怒皆形于色。在与人交往的过程中，一旦产生矛盾，很容易爆发，这也是为什么很多青春期的男孩总爱发脾气。

可见，作为父母，我们只有了解青春期孩子情绪的特点，才能和他们做好沟通工作，帮助他们控制并合理宣泄不良情绪。

要帮助男孩控制自己不要乱发脾气，我们父母可以从以下两个方面努力。

1. 告诉男孩发火前长吁三口气

你要告诉男孩："发火前长吁三口气，"事实上，很多事情都没有自己想象得那么严重。如果不学着控制自己的情绪，任着性子大发脾气，不仅解决不了问题，还会伤了和气。

2. 告诫男孩学会正确地宣泄自己的情绪

青春期的孩子是脆弱的、敏感的、容易受伤的，即使是男孩，他们也会悲伤沮丧，此时，你可以告诉他，不妨哭出声来。在很多青春期的男孩看来，一个坚强的人就应该始终不能哭，哭是懦弱的，而其实并不是如此，在过度痛苦和悲伤时，哭也不失为一种排解不良情绪的有效办法。哭不仅可以释放身体内的毒素，还能释放能量，调整机体平衡。在亲人和挚友面前痛哭，是一种真实感情的爆发，大哭一场，痛苦和悲伤的情绪就减少许多，心情就会痛快很多。流眼泪并非懦弱的表现。所以你可以告诉男孩，你该哭就哭，该笑就笑，但要把握好一个度，否则便会走向反面。

总之，我们父母要明白，青春期是男孩心理波动较强的时期、在这个期间，可能男孩的心理承受能力比较差。我们要认识男孩的情绪，并帮助他们控制自己的情绪。只有这样，我们的儿子才能始终保持稳定的情绪！

盲目比较——对比让青春期男孩容易丧失信心

家长的烦恼

张太太的儿子雷雷，上了初中以后变了好多，不喜欢说话了，周末的时候也不愿意与以前的朋友一起玩了，一有时间就把自己锁在房间里。

"雷雷很奇怪，他这是怎么了？"张太太问自己的丈夫。

"我也不知道，最近他好像突然自卑起来了，有一天，他还对我说：'我和以前不一样了，小学的时候，我是尖子生，可是上了初中，班上优秀的人太多了，我成绩不如以前了，连人缘也不好，我简直一无是处了！'"雷雷爸爸说完这些，长叹了一口气。

接着他说："开学第一周的情景我还历历在目。一下子，作业远比小学时多了很多，而且做完还要对答案，判正误，并做改正。每一项家长都要签字。如此下来，晚上 10 点都完成不了。雷雷很不习惯。看着他睡眼蒙眬的样子，真是痛苦。雷雷甚至说：'爸爸，我是不是变笨了？要是永远上小学多好，中学太难了，作业太多了，老师要把我们累死了，我不喜欢上学！'"

"是啊，孩子上初中了，学习环境变了，学习难度加大了，这种心态的出现是正常的，但我们作为家长，一定要帮助孩子及时调整好，不能耽误了孩子后面的学习呀！"

"你说的对呀……"

雷雷的这种自卑心理，在很多青春期男孩身上都出现过。十几岁的他们都进入中学阶段，学习和生活环境的改变让男孩不自觉地与周围的同学进行攀比，而比较之下，他们就容易自惭形秽，变得对学习失去兴趣、不愿意与人交往等，成绩也随之下降，家长也经常抱怨："我的孩子很自信、成绩很好，表现也很优秀，为什么现在全变样啦？"其实，很简单，你的孩子需要鼓励，需要找到自己身上的优点。因此，作为父母，对于孩子的这种低落情绪，一定不要听之任之，也不能采取棍棒教育，而是要做到"言传"，帮助孩子顺利度过这个心理过渡期。

那么，家长应该怎样让男孩看到自己身上的优点，从而精神饱满地投入到青春期的学习和生活中呢？

1. 让男孩学会自己和自己比，促进孩子进步

人们通常都会将自己和他人比，这样便会产生自卑等情绪。事实上，我们可以告诉男孩，让他和自己比，如让孩子今天和昨天比，这个月和上个月比，本学期和上学期比。在比较中，男孩会看到自己的进步：原来不会做的题型现在会做了，原来不会骑自行车现在也会骑了……这些比较可以让男孩获得自信，并在欣赏自己的过程中努力超越他人。

2. 鼓励男孩，相信他能行

无论男孩做什么事，父母都要给予鼓励，而不是一味地给男孩施加压力。要告诉他："爸妈相信你，你一定能做到！"

3. 肯定男孩的能力

例如，男孩的学习课程一下子增加了很多，晚上做作业到很晚，有点沉不住气了，开始有点泄气，你不能严加指责男孩，而应该说："没什么难的，老师留的作业多，是把你们当中学生要求了。其实这很正常，只是新环境要适应，过几天就好了。妈妈同事家的孩子，比你完成作业的时间还晚呢！你可比他快多了！"男孩听到家长的肯定，便会精神倍增，家长的肯定是男孩最大的学习动力。在家庭教育中，父母最好不要在男孩面前发表负面意见，应多以正面引导。

另外，我们要多寻找男孩身上的其他优点，转移孩子的注意力。尽管学习是学生的天职，但分数并不是最重要的。当男孩成绩不理想时，不要横加指责；如果男孩没有自信，更不要过于注重他的分数，而要试着在他身上找到他的优点：如他的动手能力强、孝顺父母、团结同学、热爱劳动等，并举出事例。这样，男孩即使成绩不好，也会有值得自豪的优点，也就不会丧失信心了。

嫉妒他人——引导青春期男孩进行良性竞争

家长的烦恼

一年一度的学生年度表彰大会又来了，很多家长也都如约而至。陈女士就是其中一位，而且，她的儿子阳阳是这次受表彰的学生之一。令陈女士感到高兴的是，儿子一直是同学和朋友中的佼佼者，这次，儿子也是他那些死党中唯一的受表彰者。原本，陈女士担心儿子的这些朋友会因此而不高兴，但在会上听到这段对话后，她心里的一块大石头终于落下了：

阳阳好奇地问同桌晓晓："你不讨厌我吗？"

"我为什么要讨厌你？你是我最好的朋友啊。"

"我的意思是，你应该讨厌我，每年这个时候我都不愿意参加，因为每次拿奖的时候，我都怕会失去很多朋友。"

"你认为我牛晓晓是那样的人吗？我心胸宽广，那种小肚鸡肠的嫉妒心理我是没有的，放心吧。你拿奖，受表彰，我应该替你高兴嘛，我朋友优秀，我心里也高兴得不得了。"

听完晓晓的话，另一个男孩也开玩笑说："真正的朋友就是有福同享，有难同当，你的荣誉就是我们的荣誉嘛，那今天晚上阿姨肯定给你做大餐，我有口福了。"大家都笑了。

在领奖台上，阳阳说："感谢我的老师、爸爸妈妈，还有我最铁的几个朋友，我感谢他们的理解，我们要一起努力……"

晚上阳阳回来后，陈女士已经准备好了庆祝的晚饭。看着这些可爱的孩子，她感到很欣慰。

我们每个人都生活在一定的人际范围内，都会常常不自觉地喜欢与他人做比较，但当发现自己在才能、体貌或家庭条件等方面不如别人时，就会产生一种羡慕、崇拜，奋力追赶的心情，这是有上进心的表现。但有时也会产生羞愧、消沉、怨恨等不愉快的情绪，这就是人的嫉妒心理。

作为男孩的第一任老师，父母在培养男孩健康的竞争心态上起着极为重要的作用。在培养男孩竞争意识的过程中，也应让男孩明白，竞争不应是狭隘的、自私的，竞争应具有广阔的胸怀；竞争不应是阴险和狡诈，暗中算计人，而应是齐头并进，以实力超越；竞争不排除协作，没有良好的协作精神和集体信念，单枪匹马的强者是孤独的，也是不易成功的。

为此，我们需要这样在沟通中引导男孩。

1. 引导男孩正确评价他人，正视别人的长处和不足

如果男孩能以这样的心态面对比自己优秀的朋友或者同学，不仅能学会用客观的眼光看自己和对方，也能弥补自己的不足。这样，就不至于为一点小事而钻牛角尖，还能交到帮助自己成长的真正朋友。

2. 教育男孩在竞争中学会宽容

现实生活中，部分在竞争中失败的男孩，往往会流露出不高兴的情绪，会对对手充满敌对情绪，这点也反映出这些孩子还未能积极、正确地面对竞争，这就要求我们在培养男孩竞争意识的同时，提高男孩的竞争道德水平，教育他在竞争中学会宽容。让他明白竞争不应该是狭隘的、自私的，竞争者应具有广阔的胸怀。

3. 教孩子在竞争中合作

竞争越是激烈，合作意识就越是重要。唯有竞争没有合作只能造成孤立，带来同学关系的紧张，给自己平添许多烦恼，对生活和事业都非常不利。

例如，你可以告诉孩子："这次足球赛中，××队的确赢了，但你发现没，他们这个团队合作得非常好。实际上，你所在的团队每个队员都有各自非常好的优势，但却有个缺点，那就是你们好像都只顾自己，这是团队赛中最忌讳的。"

总之，作为家长，培养男孩的竞争能力，就要让男孩明白只有与嫉妒告别的人，才有可能获得最后竞争的胜利，取得优秀业绩。

盲目攀比——帮助青春期男孩克服虚荣心

家长的烦恼

强强已经12岁了，从小就很喜欢武术，所以父母就让他发展武术特长。但是，他也是个十分"奢侈"的孩子，他穿的衣服不是"耐克"就是"阿迪达斯"，用的也都是名牌产品。总而言之，他从头到脚都是名牌。有时父母给他买来的不是名牌服装，不管多好看他都一概不穿，还为此哭闹了很多次。

父母对他这点也十分头疼，不明白为什么孩子这么小就如此热衷于名牌，而强强的理由是："让我穿这些，我怎么出去见人啊？我的同学都穿名牌，我要是没有，人家会笑话我的。我不穿，要不我就不去上学。"

不仅如此，强强还"逼"着爸爸给他买笔记本和高档手机，原因也是"同学都有"。

其实，像强强这种现象，在青春期男孩中早已不是特例，尤其是那些家庭条件优越的孩子，他们从小就穿名牌衣服，吃优质食品，玩高档玩具，于是，进入青春期后便学会了攀比。

实际上，很多时候，男孩的虚荣心和家庭以及父母的教育有很大的关系。现在许多父母溺爱自己的儿子，认为只有一个孩子，又有经济承受能力，所以舍得给儿子买高档玩具、流行服装。有些父母不注意男孩的修养和教育，喜欢在吃穿打扮、玩具图书等方面与他人攀比，甚至给男孩大把零花钱以显示自己的富有和与众不同。他们总喜欢讲自己儿子的优点，甚至在亲朋之间也炫耀自己的儿子，亲朋为了礼貌也都讲孩子的优点，男孩在生活中听到的都是一片赞扬声，很少听到自己的缺点。家长对男孩一味"吹高""捧高"，男孩在一片赞扬声中长大，从不受任何挫折，这样也就慢慢形成男孩的虚荣心。

我们不能否定的是，攀比是很正常的心态，每个人或多或少都有攀比心，包括成人。有时候这种心态的存在可以促使人去努力、去奋斗，从一定意义上说，攀比心是促进人前进的动力，良性的攀比能使人奋发，但作为青春期男孩自身，如果不克服自己的虚荣心，很容易误入歧途。

那么，作为父母，我们该怎样帮助青春期男孩克服虚荣心？

1. 从小培养男孩节俭的生活习惯

人们贪念的形成多半都是从物质上开始的，有了点钱就更想有钱，住了楼房想住别墅等。同样，很多男孩身上也有这样的缺点，总是想吃高档食物，总是要买名牌衣服，而假若你从小就注重生活的节俭，怎么会有这样的性格缺点呢？

2. 以身作则，注意自身是否有炫富心理

青春期的男孩虽然已经有独立的意识，但很多行为观念还是受父母影响的，尤其在审美情趣上，如果父母也盲目追求名牌或者奇装异服等，男孩自然上行下效。但如果父母告诉男孩："这件衣服虽然不贵，但穿在你身上还是很好看的！"这样，男孩就会认为，不一定衣服贵才好看。

另外，现在很多家长有炫富心理，认为现在生活条件好了，不必省吃俭用。孩子是自己的招牌，让孩子吃好、穿好，面子自然就有了。其实，这也是对孩子的思想观念的一种误导。

3. 帮助男孩充实内在，淡化虚荣心

有些父母认为，男孩在青春期的主要任务就是学习，当然，这是正确的。

但青春期也是男孩人生观、价值观的形成期，作为父母，不要把全部的眼光放在提高男孩的学习成绩上。只有充实男孩的内心世界，他才不会盲目与人攀比，如你可以为男孩购买一些能充实孩子内心的书籍，这样男孩就不会成为一个"绣花枕头"。一般来说，男孩很爱看书，自然也就不会整天琢磨外表或其他的事情了。

总之，虚荣心人人都有，但作为青春期的男孩，如果不经父母的帮助和指点，很容易因虚荣心而误入歧途。因此，家长要引导男孩，要帮助男孩充实自己的内心。这样，你的孩子一定会健康成长！

第3章

叛逆不驯，男孩的叛逆行为如何沟通引导

男孩到了青春期，便不像童年那样听话了，他们的独立性大大增强，他们更渴望参与成人角色，要求独立、得到尊重。他们开始营建自己的"小天地"，不愿意依赖父母，甚至出现心理闭锁，尤其是不愿意与家长沟通，这无疑都会让身为父母的我们感到苦恼。其实，我们需要掌握一些引导他们的方法，真正走入男孩的世界，用心体会青春期的风云变幻。理解男孩，才能让他们真正接纳你，愿意向你敞开心扉！

"我也想发表意见"——鼓励男孩畅所欲言

家长的烦恼

这天，儿子放学回家，进门就把书包丢在桌子上，然后对着在厨房做饭的妈妈嚷嚷："妈，从明天开始，我不去学校了，你别劝我！"

妈妈是个温和的人，她不像丈夫那样火暴脾气，她知道儿子肯定是受了什么委屈。

"为什么不去呢？"

"没什么，感觉不大舒服。"

"不舒服，哪里不舒服？怎么不早点请假回来呢？"

"不想耽误学习啊，你别问了，反正我不去。"其实，妈妈是聪明的，儿子说话这么有力气，怎么会身体不舒服，一定另有隐情。

"可是，今天不舒服，明天不一定不舒服啊，要不，妈妈带你去医院吧。"妈妈在说这话的时候，故意露出一点笑容。儿子明白，妈妈看出端倪了，于是，他只好说："妈，你儿子是不是很没用啊？"

"怎么这么说，我儿子一直是最棒的，有最棒的体格，最棒的学习接受能力，待人温和，还疼妈妈。"

听到妈妈这么说，儿子笑了，主动招出了今天遇到的事："妈，今天老师叫我们写一篇作文，我拼错了一个字，老师就嘲笑了我一番，结果同学们都笑我，真没面子！"

此时，妈妈没有说话，只是搂着伤心的儿子。儿子沉默了几分钟，从妈妈怀中站了起来，平静地说："妈妈，谢谢你听我说这些事，我要去公园了，同学们还等着我呢。"

从这个故事中，我们看到一对母子间的和谐关系。可见，懂得和儿子沟通的父母，绝不会不给男孩说话的机会。

任何父母，都希望自己的儿子把自己当朋友，尤其是青春期男孩的父母，他们更希望儿子能向自己吐露心声。但事实上，我们看到的却是很多父母和男孩之间上演的口水战，一些男孩因为父母剥夺自己说话的权利而和父母争论。久而久之，一些男孩也不再愿意与父母沟通了。而聪明的父母都会引导男孩发表自己的意见，让男孩畅所欲言。

其实，不仅是青春期，男孩自打出生，就有发表意见的要求，如用手去触摸自己喜欢的东西，不喜欢有些长辈抱自己时，就大声哭闹。对于男孩的这些行为，父母都一一接受了，可是随着男孩年龄的增长，父母为什么又把这种自主权搁浅了呢？压制男孩发表意见，就是压制他的主见，这对男孩的成长是极为不利的，会让青春期的男孩关上自己的心门，不愿与父母交流。

其实，男孩要求发表意见、要求自主的意识是随着年龄的增长越来越强烈的，父母要给予孩子的是尊重，给他发表意见的机会，而不能压制。

为此，教育心理学家建议家长注意以下几个沟通要点。

1. 不要压制男孩的想法

即使男孩的想法与大人不同，也要允许男孩有自己的想法。父母应考虑到他的理解能力，举出适当的事例来支持自己的观点，并详细地分析双方的意见。父母不压制男孩的思想，尊重男孩的感觉，男孩自然会敬重父母。

2. 支持男孩在小事上自己拿主意

家长可以支持男孩自己管理自己，并提醒他界限何在。当男孩做选择时，他觉得自己的确享有主导权，这一点会令他开心。

3. 父母保持适当的权威

许多家长也许在自己的孩童时期所接受的教养方式是极端威权的，父母说一，他们决不敢说二。所以，他们从未享受发表自己意见的权利。于是，他们把这种教育方式传达给了自己的儿子。而如果男孩所争取的是对他自己的自主权，而不是对父母的或其他人的管理权，那么他的要求就没什么不对。父母应将大人的权力保留在适当范围内，别将它过分延伸到男孩身上。同时，也要让男孩尊重父母的权威。但尊重男孩权力发展的同时，要坚持对男孩有利的一些原则。

事实上，任何一个男孩，从襁褓时期对父母完全的依赖，到发展自我意识、建立自信、试验探索，终于长大成一个独立的成人，都需要主见的培养，要想男孩有主见，父母可以遇事问他的看法和想法，不管是学校的事还是家里发生的事，报纸上登的事，或者是路上看到的事，包括爱吃什么、爱穿什么、爱玩什么都要问他的意见。这样，男孩会感受到被尊重，那么，不但使男孩学会了独自思考，还能拉近亲子间的关系，让男孩对我们敞开心扉。

"能不能别管我"——青春期男孩该如何管教

家长的烦恼

很多年前，刘先生的妻子就因病去世了，刘先生一个人把儿子拉扯大。一直以来，飞飞都是个听话的孩子，但最近，刘先生却发现儿子越来越难管教。

这天，班主任把刘先生请到了学校，对他说，飞飞最近学习情绪不大好，成绩下滑很厉害，而且，学习劲头很不足，希望他能多关心和帮助孩子。听到班主任这么说，刘先生也很伤脑筋，他说："其实，我也很纳闷，飞飞最近好像变了很多，他根本就不愿意和我说话，一回家就躲进自己房间。有一次，我实在看不下去，就跑到他房间去问他在学校的学习情况，他竟然把我推出房间了。"

在刘先生的印象中，飞飞一直是个乖巧的孩子："他小的时候很听话，学习也很努力，自己考上了这所名校，当时我觉得很骄傲。可自从上了初中，听话懂事的孩子变了，问什么都不说，还总嫌我烦。成绩也不如以前了，眼看着就要上初三，他现在这样的学习状态可怎么办？一个人带孩子很不容易，但我的工作压力现在也很大。"

听到刘先生的烦恼后，班主任答应自己亲自开导飞飞。当班主任问飞飞为什么变得不听话的时候，飞飞的回答让班主任吃了一惊："我都14岁了，再听父母的话，会被同学们笑话是长不大的孩子的。"

现实生活中，可能不少青春期男孩都和案例中的飞飞一样变得不服管教，这让我们父母很苦恼。其实，这是青春期孩子叛逆心理的正常表现。

当男孩进入青春期，他的身体发育加快、思维成长到一定程度时，便开始思考自我，思考人生，也开始被身心成长过程中的很多问题所困惑，此时，他会本能地去挣脱这些困惑，这是人的生存本能。尤其是他从小到大始终在家人的呵护下成长的经历，使他手足无措地发现现在遇到的事情和情况很麻烦，但是又不知道如何和家长说明，这种困惑和无助，致使他在挣脱困惑时趋向企图独立，于是就什么事情都不告诉家长，讨厌家长"多余"的帮助，要有自己的人格和见解，家长说什么都不听，对家长的建议不加思考地一律做否定回答。这就是叛逆！

所以，大部分青春期的男孩都认为长大的孩子，就不应该再听父母的话了，认为这是一种不成熟和没长大的表现。对此，家长一定要加以引导，让男孩正确认识是否该听父母的话。

1. 不必让男孩什么都听父母的

童话大王郑渊洁说他从来没有对自己的孩子高声说过一句话，也从来没有说过"你要听话"。"因为我觉得把孩子往听话了培养那不是培养奴才吗？"因此，如果你的儿子不听话，你不妨告诉他："爸妈并不是要你盲目地听我们所说的每一句话，什么都听话的孩子就是庸才。"这样说，会很容易让孩子感受到父母对自己的理解。

2. 给男孩一个行为标准

这个行为标准的制定必须是在和男孩已经站在统一战线的前提条件下，也就是男孩认可有时候父母的话是正确的。

此时，你应该告诉男孩一个原则、一个标准。在这个标准下，他知道什么东西应去执行，什么东西应坚决反对，掌握好这个度就可以了。不是不管他们，而是怎样合理地管。

3. 鼓励男孩学会自己思考

你不妨告诉男孩这样一个故事：

一位幼儿教育专家到国外看到一个幼儿用蓝色笔画了一个"大苹果"，老师走过来说："嗯，画得好！"孩子高兴极了。这时这位幼儿教育专家问老师："他用蓝色笔画苹果，你怎么不纠正？"那个老师说："我为什么要纠正呢？也许他以后真的能培育出蓝色的苹果呢！"

其实外国教师或家长这样容忍孩子"不听话"是有道理的，因为它可以保护孩子的想象力，激发孩子的创造力。

同样，青春期的男孩，他们也有自己独特的思维。作为家长的我们，如果用成人的思维方式对他们粗暴地干涉，就会扼杀他们的想象力和创造力。

综合来看，对于青春期男孩不听话这一问题，我们一定要辩证地看。我们不需要培养那种盲目听话的"乖孩子"，因为"乖孩子"真正成为社会精英、业界尖子的不多，他们大多在一般劳动岗位上工作。当然，并不是说"不听话"的孩子就一定聪明，出尖子。男孩的"听话"应更多体现在生活规矩、行为道德上，而青春期男孩天性叛逆，有自己的想法，父母应做出正确的引导。

我很孤独——引导男孩敞开心扉

家长的烦恼

严太太个性好强，在单位是工作的一把好手，业绩突出，她希望自己的儿子也能成为佼佼者。在大家眼里，儿子一直是个乖孩子，但不知从什么时候起，儿子好像变得孤僻了，再也不愿和自己包括周围的长辈说话了。

有一段时间，严太太还发现，儿子的书包里好像多了一本日记，难道儿子有什么秘密？不会是恋爱了吧？怀着强烈的好奇心，一个周末，严太太趁着儿子不在家，看了儿子日记。令严太太意外的是，儿子并没有什么秘密，日记的内容只不过是学习压力的倾诉以及与好朋友相处过程中遇到的问题。

看到这些，严太太悬着的心终于放下了。但从这件事之后，细心的儿子居然给日记上了锁，这让严太太又产生了很多疑问。

案例中严太太的教育方法很明显不恰当，只会引起儿子的反感。有时候，男孩写日记，只是因为他们需要找一个倾诉的对象。这是因为青春期的男孩都有孤独心理。

那么，为什么青春期的男孩会产生孤独感呢？

男孩一到青春期，随着身体上的发育，他们在心理上也产生种种变化，他们对于以前父母灌输给自己的种种思想也产生怀疑，甚至不再相信成人。因此，他们既觉得孤独，又需要一个倾诉的对象。日记就是其中一种方法。

可能不少父母会感到疑问：为什么儿子宁愿写日记也不愿意向自己倾

诉？其实，我们为何不反省一下自己与孩子沟通的方式呢？粗暴的干涉方法只会让男孩疏远我们。可见，父母只有找到与男孩的沟通方法，才能让孩子对我们敞开心扉。

为此，教育心理学家给出以下几点沟通建议。

1.了解青春期男孩身心发展的特殊性

的确，处于青春期的男孩，他们身心发展迅速且不平衡，很容易出现各种问题，也包括变得孤僻。但对此家长不必焦虑，而应该调整心态，以平常心对待，否则会影响亲子关系。

2.改变以往的教养方式

我们不应再以对待小孩子的方式对待正在向成人转化的男孩，对男孩要有尊重的意识。孩子是一个独立的个体，不能以自己的想法代替男孩的想法，所以要学会倾听男孩的心声，而不是一味地管教。这样才能化解男孩的对立情绪，使其把心里话说出来。

3."蹲下来看孩子"

理解孩子就要学会和男孩沟通。怎样沟通？就是"融进去，渗出来"。有一个故事说：

有一位国王的儿子生了一种怪病，认为自己是公鸡。别人与他讲话他就学鸡叫。有一个人找到国王说他能治好王子的病。他一看到王子，就钻到案子底下学鸡叫，两人一下子通了，在一起玩、吃、住。慢慢两个人感情深了。突然有一天，这个人说，我要变成人了，王子也说，我也要变成人了。

这个故事很好地阐述了"蹲下来看孩子"的教育理念，也就是说，蹲下来，你才能看到和孩子眼界里一样的世界，就更容易理解孩子看到了什么，在想些什么。只有这样，才可以达到有效的沟通。

4. 做男孩的朋友

这是一种亲子之间的新型关系，当男孩进入青春期后，便产生一系列独立自主的表现：他们要求和成人建立一种不同以往的朋友式的新型关系，迫切要求老师与家长尊重和理解自己，如果家长和老师还把他们当作"小孩"而加以监护、奖惩，无视他们的兴趣、爱好，他们可能以相应的方式表示抱怨，甚至产生抗拒的心理。一般地说，从这时起，男孩便开始疏远父母而更乐于和同龄人交往，寻找志趣相投、说得拢的伙伴。他们的交往范围也不断扩大，先在班级中而后可能发展到班外甚至校外。

因此，家长不要再把男孩当作"小孩子"来对待，要放手让他们独立处理一些事情，尊重他们的意见，信任他们，主动和他们商量家中的一些事情，满足他们的正当要求。这样，他们便同样以朋友的身份与你沟通了！

我就是要跟你对着干——正确处理男孩的对抗情绪

家长的烦恼

这天，学校召开了一次家长会，很多男同学的家长纷纷提出，儿子到了初中后脾气就变坏了，父母的话根本听不进去，甚至还公然和父母对抗。

"儿子上小学时很懂事乖巧，叫他做什么就做什么。自从上了初中就跟变了一个人似的，老说我唠叨，多说一句就厌烦我，摔门走开。我为他做了这么多，还不领情！"

"儿子 13 岁，年前还是个很听话的孩子，过完年就不行了，学习成绩急骤下降，偷着上网吧，跟不好的孩子玩，作业也不做。我现在处处监督他，可是越管越不听，特逆反，老跟我顶嘴，和我对着干。求他也不是，骂他打他也不是。我没招了！"

案例中父母的烦恼，或许很多家长都遇到过。我们会发现，儿子到了青春期后，好像总是故意和自己作对的，总和自己唱反调。很多父母感叹："我让他往东，他就是往西。""我说的话，他就没有听过。"的确，青春期的男孩，常常会产生逆反心理。

其实，作为父母，我们自身也应该反思，你理解你的儿子吗？你有真正聆听过他的想法吗？很多时候，叛逆的青春期男孩并没有太大的事情，他们只是想找个倾诉的人而已，把内心的烦躁说出来。

作为父母，我们一定要学会聆听男孩。这里说的聆听，是需要你用心去聆听，用心去感受男孩成长的变化，合理地的引导男孩。我们不要以为以前的教育方式就是很正确的，那是因为孩子还太小，处于弱势，没有拒绝的权利和抗拒的能力。而到了青春期，男孩就敢于对家长说"不"，而家长也开始变得困惑、生气、抱怨、伤心……

那么，父母该如何处理男孩的对抗情绪呢？以下是几点沟通建议。

1.给彼此 5 分钟冷静的时间

任何教育方法的前提都需要父母能够控制住自己的情绪。在气头上的父母，怎么会有能力、有智慧运用良好的方法呢？

"5 分钟后再继续谈"。面对男孩的事情，给自己留 5 分钟的冷静时间。冷静下来，你会发现其实没什么大不了。男孩走进青春期，需要父母用耳朵、用心去倾听孩子，理解孩子。

2. 做出一些让步

让步可以在很多时候表明你欣赏男孩的成熟，并且意识到他对更多自由和自主的需求。

这里，我们需要明白以下两点。

（1）可以商榷的。对于那些不影响学习、不涉及男孩的生活质量和生活习惯的，就是可以商榷的。例如，睡觉时间、发型、衣服的样式，这些可以商榷，并达成协议。

（2）不可以商量、妥协的。

不符合以上原则的，也就是不能商榷的。例如，男孩不做作业、抽烟喝酒等，就绝不能妥协。对此，即使他与你争吵，你也不必因害怕破坏与孩子间的关系而一味妥协让步，需要通过规定限度与制定标准来规范孩子的行为。

事实上，即使父母的规矩不多，也不会得到青春期孩子的"较高评价"。父母可以通过交流与让步避免强烈的冲突，但是他们必须制定一些标准，这是让男孩学会自律的主要方式之一。

3. 契约教育法

父母与男孩之间的冲突，都是因为在某些问题上没达成一致意见，于是，男孩还是继续挑战父母的极限，他高举着"我青春期了，我要……"的大旗：明明规定的是晚上8点半之前回家，但是最近男孩总是频频违规，少则晚上9点，多则晚上10点多。面对这样的孩子，你会怎样做？

对此，我们可以采用契约教育法。

如果你是一个事必躬亲，连儿子的饮食起居、学习、情感都想掌控的家长，那么，你必须做出一些改变。

其实，"契约教育法"的秘诀就在于：儿子的行为一旦约定俗成，家长就不用三令五申，照章考核孩子的行为就行了。它可以帮助男孩自我观察，建立良好行为，父母省去了许多说教，亲子之间的情绪冲突大大减少，男孩也会因此学会自主管理。

总之，青春期的男孩和我们唱反调，我们就要做出教育方法上的调整，该放手时要放手，教会他去为自己负责；该信任的时候要信任，给男孩锻炼的机会，这样才能让男孩在体验中成长。

"回家晚是在学校做功课"——男孩开始说谎怎么教育

家长的烦恼

周五这天晚上，小宁到晚上 7 点还没回家，宁先生和妻子很着急，他们给小宁最好的同学打了电话，小宁也不在那，正当他们准备去学校寻找儿子时，小宁气喘吁吁地回来了。

"怎么这么晚才回来，你知道爸妈多担心吗？"宁先生问儿子。

"哦，我在学校学习呢，课堂上几个知识点没搞懂，就问了问老师。"小宁对爸爸说这句话的时候，都没敢看爸爸的眼睛。而宁先生也明白，儿子在撒谎，因为他们刚给老师打过电话。

但宁先生并没有点破儿子的谎言，而是说："小宁，爸爸妈妈知道，现在的你已经是大孩子了，很多事都能自己处理，但爸爸妈妈希望我们之间能做到敞开心扉，你能把我们当成真正的朋友，有些问题即使你自己解决不了，还有我们呢。"

小宁知道爸爸话里的意思，于是，他只好承认了事实：原来，他这次考砸了，老师在放学后把他留了下来，和他好好谈了谈，就回来晚了。

现实生活中，可能不少父母都为儿子经常撒谎的行为感到苦恼：以前的儿子乖巧听话、什么都跟父母说，为什么现在学会了撒谎呢？

的确，诚实是做人的原则，是一种正直的品格，历来受人推崇。莎士比亚有句名言："质朴比巧妙的言辞更能打动我的心。"爱默生曾说："诚实的人必须对自己守信，他的最后靠山就是真诚。"任何父母，也都希望自己的儿子是个诚实的人，那么，为什么一些青春期的男孩会撒谎呢？从案例中的小宁身上，我们能看出来他是为了逃避责任。

那么，我们该怎样培养诚实的男孩呢？

1. 防微杜渐，让男孩认识到不诚行为的危害

我们可以告诉男孩这样一个故事：

有位美国学者为了给自己的某个研究找素材，来到了某监狱，并采访了 50 个罪犯，最后，他发现一件有意思的事。

有一个罪犯在坦白自己是怎么走上犯罪这条道路时这样说：

"我是从撒谎开始走向犯罪的。"

"那你为什么要撒谎呢？"

"小时候，家里面兄弟姐妹好几个，有一次分苹果吃，其中一个苹果又大又红，我们都想要那个大红苹果。我对妈妈说：'妈，大的红苹果给我吃。'妈妈瞪我一眼说：'你不懂事，你怎么带头吃大的呢？'当时我观察发现，谁越说要妈妈就越不给谁，谁不吱声或说了反话，谁就最有希望得到。这时我就撒谎说：'妈妈，我就要最小的苹果。'妈妈说：'真

是个好孩子，就把大苹果给你。'说假话可以吃到大苹果！啊，越想要就越不说，到时候，你'表现好'就可以得到。我们为了吃大苹果，所以就说假话。"

的确，一次次小的撒谎行为就可能酿成整个人生的悲剧，这些罪犯之所以会走上人生的错误之路，就是从小小的谎言开始的。

2. 告诉男孩要凡事诚实，不要敷衍任何人

要做一个诚实的人，因为只有诚实才能看清自己的未来，触摸到幸福的温馨。生活中，我们要告诉男孩，无论是对待老师、同学还是家长，都要做到诚实面对，凡事做到问心无愧，这样你一定会成为一个正直的人。

3. 帮助男孩和父母、老师、同学建立相互信任的关系

生活中，我们发现有这样一些男孩，他们会向父母谎报成绩的，向同学骗钱，长此以往，他们越来越喜欢欺骗的感觉，而周围的人也开始不愿意相信他们，这最终会影响到男孩们正确的品质的养成。因此，我们若希望男孩成为他人眼中值得信任的人，就要告诉他们必须诚实面对他人，也诚实面对自己的内心。有时候，与其承受撒谎的内心煎熬，还不如坦诚告知。

4. 及时纠正男孩的不诚实行为

人都犯过错，包括撒谎。也许你的儿子曾经也为了逃避一次罪责，为了获得某件东西而撒过谎，但你一定要帮助他认识到行为的错误性，让其主动找对方道歉。当男孩敞开心扉后，他的内心必定会畅快很多。

总之，我们要让男孩明白的是，一个杰出的、具备高素质和高能力的男子汉，必须信守诺言。人在少年时一定要积累知识和财富，但同样也要注重德行的修养。诚信是人生最大的美德，它像一根小小的火柴，燃亮一片星空；像一片小小的绿叶，倾倒一个季节；像一朵小小的浪花，飞溅起整个海洋。

"我不想跟你说话"——怎样架起亲子沟通的桥梁

家长的烦恼

宋女士是某公司的老总，她能把公司管理得井井有条，但对自己的儿子，她却用"无能为力"来形容，尤其是儿子到了青春期后，更变得叛逆起来，不管她说什么，儿子总会与她对着干。无奈之下，她才找到了心理咨询师，心理咨询师试着与这个孩子沟通，但出乎她的意料，这个孩子很合作。

"为什么总是与妈妈作对？"

他直言不讳地说："因为妈妈总是像教训、指挥员工一样来对待我，我都感觉自己不是她儿子，所以我总是生活在妈妈的阴影里。"

心理咨询师把这个男孩的原话告诉宋女士，然后把他们母子请到了一起。宋女士十分激动而又真诚地对儿子说："儿子，你和我的员工当然是不同的，妈妈希望你更出色！"

听完这句话后，心理咨询师立即给予纠正："您应该说'儿子，你真棒，在妈妈心里你是最优秀的，我相信你会更出色'。"

宋女士不明白为什么要纠正，心理咨询师说："别看这是大同小异的两句话，其实有着很大的不同，前者是居高临下的指挥，后者是朋友式的赞美和鼓励，我觉得您在教育孩子上，不妨换一种方式，多一些引导，和孩子做朋友，而不是教训孩子！"

宋女士听完，若有所思地点点头。

宋女士的教育方式在中国很典型，对于男孩，他们多以教训和指挥的口气来教育。在男孩还很小的时候，也就习惯了父母的教训，但到了叛逆的青春期后，他们开始反击，除了与父母对抗这一表现外，他们还喜欢用沉默来面对父母。于是，很多父母纳闷，为什么儿子不愿意与自己说话呢？

其实，这是我们的教育方式出了问题。对于青春期的男孩，我们要做的是引导，而不是教训。

因此，我们要在内心把自己和男孩放在平等的地位，把他看成家庭中很重要的一个成员来对待，遇到问题也要和男孩多商量商量，对其多加引导。要尊重男孩，尊重他的人格，尊重他的意见。不可动辄训斥有加，那样只会使他离你越来越远。

要想让亲子间的沟通畅通无阻，家长需要明白以下几点。

1. 转变思维，摒弃传统的家长观念

要想使自己与儿子的关系更加亲密，让儿子乐意与自己"合作"，首先要做的就是转变思维，即打破那种传统的家长观念，不是去挑男孩的毛病，而是不断使自己的思维重心向这几个方面转移：儿子虽然小，但也已经是个大人了，他需要尊重；我的孩子是最棒的，他具备很多优点；允许男孩犯错误，并帮助他去改正错误……

2. 放下长辈的架子，与男孩平等沟通

有些父母为了维护在男孩心中的地位，刻意与男孩保持距离，从而使男孩时刻都感觉到家庭气氛很紧张。亲子之间存在距离，沟通就很难进行，在没有沟通的家庭里，这种紧张的气氛往往就会衍化成亲子之间的危机。

因此，我们不能太看重自己作为长辈的角色。因为长辈意味着权威和经验，意味着要让别人听自己的。但事实上，在急速变化的多元文化中，这种经验是靠不住的。不把自己当长辈，而是跟男孩一起探索、学习、互通有无，这种做法会让你在与男孩的沟通上变得更加自由和开明。

3. 开通沟通渠道，让男孩"有话能说"，自己"有话会说"

家长与男孩交流时，要坚持一个双向原则，让男孩有话能说。例如，在交流的时候，无论男孩的观点是否正确，你都应该给予赞赏，然后可以批评指正，这样可以鼓励他更大胆、更深入地交流。同时，作为家长，更要有话会说，同样的道理，采用命令的口吻和用道理演示达到的效果是不一样的，很明显，后者的效果会更好。如果能用通俗易懂的话说明一个深刻的道理，用简明扼要的话揭示一个复杂的现象，用热情洋溢的话激发一种向上的精神，男孩自然会潜移默化，受到感染，明白父母的苦心。

总之，要想让男孩打开心扉与我们沟通，就要做到真正与男孩平等沟通。你对男孩的理解和尊重，必然有利于问题的真正解决，有利于两代人的沟通！

难道你就一定是对的吗——如何应对男孩的批判

家长的烦恼

亮亮是一名初中一年级的学生，他的父母都是普通的工人，家庭经济条件虽然一般，但他的父母一直都努力工作，想把最好的都给儿子。以前，亮亮一直是个听话的孩子，但升学后，叛逆期的他似乎什么都爱自己拿主意，爸妈说什么，也不爱听了。

这天早上出门前，妈妈顺口嘱咐了一句："在学校听老师的话。"

"你们就希望我听话，真是的，为什么要听话，难道你们说的就对吗？"

亮亮反驳道。

"你这孩子，怎么这么说话？"

"难道不是吗？你们就喜欢和老师串通，老师在你们面前说我在学校的坏话，你们也向老师传达我在家里的事，你们别以为我不知道，你们有考虑过我的感受吗？我是个大人了。"

听完儿子的话，妈妈无言以对。

生活中，可能也有父母遇到过这样的情况：儿子直接质疑并批判我们的做法，我们该怎么回答？

对于每个家庭来说，孩子的青春期同时也是危险期，需要父母的关爱和引导，但很多父母很少静下心来听孩子的想法，而是一味地命令孩子："你不听也得听。"男孩的想法被压制住了，也就变得更叛逆了。很多父母感叹：儿子批判自己的教育方法该怎么办？

其实，父母是否想过自己的教育方法真的正确吗？男孩批判你，证明你的方法没有对他起到作用。

父母都希望自己的儿子听话、乖巧，但他并不是父母的私有财产，如果希望男孩样样服从自己的安排，结果将会适得其反。家长在言行上的矛盾教育常让男孩无所适从。我们在学习家庭教育理论知识的同时，还要善于反思、总结，不断提高自己的素养、转变自己的旧观念，把理论灵活地运用到实践中去，才能取得好的效果。

为此，我们需要在沟通中注意以下几点。

1. 不要把你的观点和价值观强加给男孩

你越是将自己的观点和价值观强加给男孩，并自以为男孩会与你分享，他拒绝接受它们的可能性就越大，即便一个较小的男孩也是如此。

因此，我们要想办法弄清男孩的想法。例如，你可以这样说："我喜欢这个想法，但重要的是你如何看待。"而不是说："太棒了，你不这样认为吗？"或者可以说："你怎么看待那个电视节目？"而不是说："那个电视节目简直就是胡说八道。"

2. 别独裁，让男孩学会自己拿主意

父母总把男孩放在自己的掌心，而他却渴望有一片自己的天空。这种"独裁"只会把你的儿子从你身边拉走。中国的家长太喜欢包办代替，操心受累之余还总爱不无委屈地说一句："我什么都替他想到了，能做的我都做了，我容易吗？"可是对于这一"替"，你的儿子不但不领情，反而加剧了他们的逆反心理，尤其是进入青春期的男孩，他们更愿意固守自己的意志而拒绝家长的好心安排。

其实，父母的良苦用心可想而知，但有时却让男孩感到不受尊重。

大多数时候父母都会认为，孩子还小，很多事情他们不懂，我们选择的对他们才更有好处。殊不知，男孩已经进入青春期了，他们也有鲜活的思想和情感，有自己的兴趣。只有从兴趣出发，男孩才能自主地学习，才能学得又快又好，才能享受到学习的乐趣。

3. 沟通时考虑男孩的感受，尽量避免与男孩发生冲突

既然是沟通，肯定会容易产生意见分歧，尤其是与青春期男孩交流，他们的情绪容易冲动，稍有不慎，便会导致男孩产生逆反心理，引发抵触情绪并有碍沟通交流。所以，与男孩沟通，一定要注意考虑到他的感受，尽量避免冲突。如果产生了冲突，也要让自己冷静下来，立即采取适当方式主动停止争辩，待双方冷静后再来开导男孩，效果会好得多。

总体来说，教育青春期的男孩，我们一定要了解他们叛逆的心理，也要及时反省自己的教育方法，真正尊重男孩，做男孩的知心朋友，为其提供所需要的成长环境，使其获得更多的力量与信心，才能与男孩一起成长！

第4章

讲究沟通方法，别和青春期男孩较劲

男孩进入青春期后会变得叛逆起来，他们开始意识到自己不再是孩子了，开始有意地反抗父母，不但不希望成年人干涉自己，还喜欢与成年人尤其是自己的父母较劲。作为父母，我们一定要理解青春期男孩的逆反心理，千万不要与青春期的男孩较劲，而应加以引导，只要我们方法得力，恰当处理，就可以兴利抑弊，使其从消极转化为积极，帮助男孩度过暴风雨般的青春期。

亲子沟通怎么这么难——和男孩沟通要找对方式方法

家长的烦恼

陈女士是一个单亲妈妈，独自带着孩子。一次，她在一篇日记中写到和儿子沟通的过程。

今天我又和儿子谈了很多，自从儿子青春期后，我深感到和孩子沟通的困难，他似乎总是对我存在偏见。但经过这些天的沟通，他似乎理解我了，我也更深刻地明白了，和孩子沟通真的需要寻找最好的时机。以前，我去和儿子聊天，儿子总是一副不耐烦的样子，我还感叹和他的沟通怎么这么难。这会儿才明白，原来是我选的时机不对。就像这一次，一开始，我是在客厅和他谈的，他正在看电视，就不可能太注意我的谈话，能搭几句就不错了。等到我们一起包饺子的时候，很安静，也没有别的事打扰，儿子就和我聊了很多，这是以前没有过的。

而儿子的有些事也是我从来不知道的，包括以前老师对他做的一些事。还有，他告诉我，他要是考不上很好的大学，就出去干点什么，这是他从来没告诉我的，也是他对自己的将来做的打算。我就非常认真地告诉他，我会完全支持他做的决定，不过，现代社会，只有知识才是永恒的竞争力，书是要读的，他好像听懂了，连连点头。

和儿子聊了很多很多，我对儿子有了更深的了解。我也更有信心，儿子是非常优秀的，在许多事上虽然想得不全面，却有自己的见解。我知道，只要我坚持和孩子沟通，我和儿子之间的关系会越来越好，孩子的身心也会健康成长。

现代家庭，代际沟通似乎越来越困难，很多父母感叹："现在的男孩真是很不像话，小学时候还好，尤其是进入青春期后，自己的主意一下子多了起来，好好地同他讲道理，他却不以为然，道理比你还多，有时还把父母的话看成没有意义的唠叨，总之一个字——烦！他嫌我们烦，我们因他的烦而烦，一天话也说不上几句了。"

问题在哪里？是男孩的问题，是父母的问题，还是沟通方法的问题？也许男孩不是一点问题没有，但更多的问题可能出在父母身上。作为父母，你反思过没，你是否曾愿意与儿子倾心长谈一次呢？在儿子小的时候，你一般会用故事、音乐、聊天来哄儿子入睡，等他长大了，你是否还愿意抽出时间与他交流呢？如果在孩子入睡前我们能一起坐下来清理一天的"垃圾"，不让忧愁过夜，这是不是一种积极的生活态度呢？有位教育家说过："父母教育孩子的最基本的形式，就是与孩子谈话。我深信世界上好的教育，是在和父母的谈话中不知不觉地获得的。"如何做有效的沟通，是我们需要学习与探讨的。

1. 找对谈话的时机

选择好的时机进行谈话是非常重要的，否则谈话达不到预期的目的。

一般情况下，解决问题越快越好，如果事情拖延下去问题就会沉淀。

另外，从时间上来说，如果你需要和男孩交流一个严肃的话题，不要选择男孩放学回家刚放下书包的那段时间，因为一天下来的疲劳使人难以集中注意力，也不好控制自己的情绪。生理规律告诉我们，下午 5~7 点是生理活动最低点，迫切需要补充营养，恢复体力。而晚饭过后，心情逐渐开朗，这是与男孩分享家庭幸福，进行沟通的比较好的时机。

从心理需求上来说，在男孩心理上最需要帮助和鼓励的时候和他谈话，沟通效果会好得多。

另外，如果你需要和男孩静心交流、和男孩谈心，则应该选择一个平和安静、风景美丽的地方，因为这样的地方，可以让彼此心平气和、情绪稳定、心情舒畅，易于接受对方的意见。如利用周末或假期，带男孩到公园或风景游览区，一边游玩一边说说悄悄话，这样的沟通和交流一定会起到很好的效果。

2. 每次只谈一个话题

有些父母认为，和男孩说话，机会难得，一定要多沟通。但青春期的男孩虽然已经有了自我意识，可他们依然未成年，在同一时间内未必能接受父母的很多观点。另外，与男孩谈得太多，也容易引起他们的反感。

总之，我们和男孩沟通，一定要选择恰当的谈话时机，这有助于给沟通创造一个良好的谈话氛围，心平气和地解决教育问题。同时，父母还应记住，与男孩沟通，一次只能谈一个话题！

"别再把我当小孩子"——转变教育男孩的思路

赵宁刚上初中一年级，学校要举行全校性的纠正错别字竞赛。赵宁告诉妈妈："老师想让我参加纠正错别字竞赛。"

"这是件很好的事，你去报名了吗？"

"还没有。"

"为什么？是不是没有想好？"妈妈问。

"竞赛时台下会有很多人看，我有点害怕。"赵宁很激动，毕竟这是他第一次参加这种集体性的竞赛活动。

"要是参加竞赛的话，也可以锻炼锻炼自己，不过这件事你还是自己决定，我只是告诉你我的想法。"妈妈鼓励道。

后来，赵宁自己决定参加这次全校范围内的纠正错别字竞赛。

的确，男孩到了青春期后，已经有了自己独立的意识，我们可以让他们自己选择。案例中赵宁的妈妈就是位家庭教育的有心人，她也是明智的。

事实上，每个青春期男孩的父母都应该改变教育思路，不要再把男孩当成儿童了，因为他们不再是偎依在父母身边的小孩子了，我们应该给他们足够的空间和选择的权利。

为此，我们在与青春期男孩沟通中，要记住以下方法。

1. 学会放手

生活中，我们每个人都需要自由，男孩也一样，对男孩大包大揽，要么会导致你的儿子越来越娇气，使其最终成为永远长不大的男孩，要么会激化男孩的叛逆情绪。

其实，每个男孩的成长过程就像走楼梯的台阶，随着时间的推移，他们走过的台阶就越多，是搀扶着上，还是抱着上？不同的父母会有不同的答案。显而易见，如果家长牵着、搀扶着男孩，就会使男孩产生依赖性，常常把父母当成拐棍而难以自立。如果家长抱着孩子，把孩子揽在襁褓里，那么，孩子就会成为被"抱大的一代"，不经风雨，不见世面，更难立足于社会。平时，男孩饭来张口，衣来伸手，上学接送，晚上陪读，甚至考上大学父母还要跟着做"保姆"，大学毕业后找工作，又得父母跑单位，这样的男孩是很难自立成人、大有作为的。

相反，家长让男孩自己去登这人生的台阶，告诉他：加油，要勇敢地向前冲！即使他摔了很多次，但他在摔跤的过程中，积累了不摔倒的经验教训，也锻炼了他的意志，这对于他的成长是受益无穷的。

为此，父母一定要对男孩放手，鼓励他独立完成力所能及的任务。让他学会自己照顾自己。当他遇到困难时，不要一味包办，要让男孩自己想办法去解决。当然，开始时父母要予以必要的指导，使男孩慢慢学会自己处理各种事，而不能一下子撒手不管，让男孩手足无措，更加胆小。

2. 把他当作成人一样尊重

"男孩是小人，小人也是人"。做父母的应尊重男孩，把他当作家庭中平等的一员来对待，要尊重他在家庭中的地位，任何涉及儿子的事情，都应尊重或听取儿子的意见。要尊重他的见解，甚至当你不同意时，也要以商量的口吻表示对孩子的尊重。如对话时，不要中断或反驳他；不要干涉他自己喜欢的方式等。

再者，我们还要像故事中的赵宁妈妈一样，让男孩学会自己做抉择。

作为成年人，父母幸运地拥有大量选择机会，可以更好地控制自己的生活。而男孩，作为未成年人，也应该拥有选择的机会。如果你的儿子了解自己的偏好，对自己的偏好充满信心，足以顶住外部的压力，并且能够全面考虑他做出的选择可能给自己及他人带来的后果，他就会做出更加正确的决定。与他一起生活和学习的成年人应该尽可能帮助他培养这些思考和反思的技能。

总之，教育青春期的男孩，我们必须改变教育思路，走出教育的误区，不要把男孩当成我们的附属品，而要把他们当成成人一样，尊重他们，给他们足够的空间，与他们平等对话，只有这样，才能抚平他们的叛逆情绪，使其愿意与我们做朋友。

妈妈能不能别唠叨了——当青春期遇上更年期

家长的烦恼

刘先生的儿子小凯已经 14 岁了，正值青春期；而他的妻子 40 岁，正是更年期。当青春期遇上更年期，少不了几场战争。刘先生常常夹在妻子和儿子之间左右为难，不过他总是能找到解决的办法。

这天，儿子在房间做作业，妻子大声嚷嚷起来："小凯，你昨天又去踢球了啊，衣服怎么不拿进卫生间，我都忘记洗了，臭了都。真是的，这孩子。"

小凯随口应了句："哦。"

听到儿子这么随便的态度，妻子有点儿生气了，提高了声调："你这什么态度，每次都这样，能不能有点儿责任心！"

妈妈的责备让小凯也生气起来："不就是洗个衣服吗？至于吗？"

刘先生见情况不妙，赶紧对妻子说："老婆大人，你天天这么累，都是我不好，你去休息下，我来洗。小凯，你先把作业做完，一会儿爸爸找你打轮游戏。"说着，刘先生就拿起儿子的脏衣服往卫生间走去，一场战争就避免了。

案例中的场景，可能在很多家庭都出现过。如果你的儿子正值十几岁，你是否发现，最近这一两年的时间，儿子好像很厌倦妈妈的唠叨。事实上，妈妈唠叨，孩子反感，正是青春期撞上更年期的表现。案例中的刘先生，很明显是个善于经营家庭与调和家庭矛盾的人，在一场家庭战争即将爆发的瞬间，他发挥自己的聪明机智，及时扑灭了这场火。

那么，作为父母，当青春期遇上更年期的时候，我们该如何处理呢？

以下是几点建议。

1. 爸爸做好"和事佬"

爸爸要告诉男孩："在家庭角色中，有一个很难扮演的角色，那就是妈妈，她从步入家庭开始，就逐渐成为一个妻子，然后成为一个妈妈。每个妈妈都会把自己的角色当成一生的事业来经营，其中要面对柴米油盐的琐碎，要照顾孩子的生活起居，要承担孩子成长的欢乐忧愁……为了家庭和孩子，她们操碎了心，但很多时候，却换来你的不理解。"

"你已经是一个男子汉了，生活中，对于你自己的事，一定要自己处理，要学会自理。另外，妈妈毕竟是一个女人，你要像一个真正的男子汉一样保护她。闲暇时间，帮妈妈做一些家务吧，尤其是体力活，这会让她真正感受到儿子真的长大了，一定会从心里感到安慰。"

爸爸告诉男孩这些，能让男孩感受到妈妈的艰辛，也就能从心底真的理解妈妈的唠叨。

2. 妈妈向孩子说说心里话

大部分情况下，很多妈妈和青春期男孩对话都是单向性的，而这个阶段的男孩最厌烦的就是妈妈的唠叨。作为妈妈，如果你能在闲暇时间坐下来和儿子好好聊聊，让男孩理解你，那么，是能消除母子之间的矛盾的。你要告诉男孩："要真正理解妈妈，就不要做问题男孩，不要让妈妈担心。你能想象，你和小伙伴在网吧彻夜不归的日子，我是多么担心；你和社会青年在一起混日子的时候，我有多么害怕你会走错路；你和同学打架受伤的时候，我比你还疼……青春期固然会遇到一些成长上的问题，但妈妈可以是你倾诉的对象，可以是你的知心朋友，妈妈是过来人，会帮助你度过不安的青春期。无论如何，亲爱的儿子，你要理解妈妈，对于妈妈的唠叨，也别再唱反调了。"

总之，无论是青春期的男孩还是更年期的妈妈，心中都有一股无名火，他们常常需要发泄，这难免会造成母子之间的矛盾。面对这一问题，作为父母的我们，一定要寻找方法及时灭火，以防止家庭矛盾的扩大化。

能不能别总是训斥我——棍棒式沟通方式要不得

家长的烦恼

似乎上了初中以后，代维变得越来越不听话了，经常在学校惹事，他的爸爸也经常被老师请去，这不，代维又在学校打架了。回家后，爸爸并没有训斥孩子，而是心平气和地把孩子叫到身边。

"我知道，老师肯定又把你请去了，我今天是少不了一顿打。"儿子先开了口。

"不，我不会打你，你都这么大了，再说，我为什么要打你呢？"爸爸反问道。

"我在学校打架，给你丢脸了呀。"

"我相信你不是无缘无故打架的，对方肯定也有做得不对的地方，是吗？"

"是的，我很生气。"

"那你能告诉爸爸为什么和人打起来吗？"

"他们都知道你和妈妈离婚了，然后就在背地里取笑我，今天，正好被我撞上了，我就让他们道歉，可是，他们反倒说得更厉害了，我一气之下就和他们打了起来。"儿子解释道。

"都是爸爸的错，爸爸错怪你了，以后别的同学那些闲言闲语你不要听，努力学习，学习成绩好了，就没人敢轻视你了，知道吗？"

"我知道了，爸爸，谢谢你的理解。"

案例中，代维的爸爸是个懂得和青春期的儿子沟通的好爸爸。儿子犯了错，他并没有选择粗暴地责问、无情地惩罚，而是选择了倾听。倾听之中，表达了对儿子的理解，让儿子感受到了爱、宽容、耐心和激励。试想，如果他在被老师请去学校以后就大发雷霆，不问青红皂白地将孩子打骂一顿，结果会怎样呢？可能是父子之间的距离越来越远，男孩的叛逆行为也可能越来越明显。

但现实生活中，这样的家长又有多少呢？随着现代社会生活步伐的提速、竞争压力的加大，作为家长，为了能给男孩一个优越的生活环境，常常由于工作忙碌，而忽视了与男孩多沟通，陪孩子一起成长。当青春期的男孩稍微出现一些"异常"行为，他们就会采取训斥、打骂的方式，希望男孩能好好接受自己的管教，而情况常常是事与愿违。事实上，青春期的男孩是叛逆的，教育他们，不能再像从前那样，采取棍棒式的教育方式，而应平等地与他们沟通，男孩如果缺少父母的理解，那么，亲子关系就会越发紧张，甚至对孩子的成长产生不利影响。

具体来说，我们该如何改变棍棒式的教育男孩的方式呢？

1. 凡事只说一次

生活中，一些男孩说："每次，我都想跟爸妈谈谈心，可是他们太啰唆了，只要我做错点什么，他们就不断地数落我。其实，我已经知道错了，但他们的口吻真让我受不了。"很多父母没有意识到的是，你的儿子已经是个大孩子了，他们已经有了独立的自我意识，也学会了如何审视自己的行为，凡事只说一次就好，这也是尊重男孩的表现。只有让男孩体会到家长对自己的尊重，他才能更加信任家长，达到和家长以心换心、以长为友的程度。

2. 来软的，避免正面冲突

对于自我意识逐渐增强的青春期男孩来说，他们更有很强的自尊心，教育他们，一定要讲方法，如果他们一旦犯错，家长就采取谩骂、呵斥的方式，那么，不但不能让孩子接受并改正错误，还会给家庭生活带来很多困扰。

可能男孩做得不对，但作为家长，不要急于批评他，应该在倾听之后，对他表达你的理解，在男孩接纳你、信任你之后，再以柔和坚定的态度和男孩商讨解决之道，从而激励他反省自己，帮助他从错误中学习成长。

3.把焦点放在"解决"上

作为大人，很多时候，会认为孩子的想法是不对的，甚至是不符合常规的。抱着这样的心态，我们很容易以先入为主的心态教育男孩。实际上，我们必须明白一点，出现了问题，最重要的是解决而不是批评，我们应该做的是，等男孩把话说完，再提出解决的办法，这才会让孩子感受到尊重。

总之，教育青春期的男孩，一定要考虑到他们的叛逆心理，不可与之对着干，要重在引导，让男孩感受到尊重，才能真正听进去父母的话。

我总是不如别人家的孩子——你的比较只会伤害孩子

家长的烦恼

这天，在某小区门口，14岁的强强和小飞打起了架，路人叫来了他们的父母。问到原因，强强说："我妈总是说王飞好，每次考试完，她都说你怎么不学学人家王飞，人家能拿第一，你怎么就不行？要是我做错了什么，她就说，你怎么这么没出息，你看人家王飞多听话……如果王飞那么好，为什么她不去认王飞做自己的儿子？"

旁边的强强妈很吃惊，原来自己平时无意中说的几句话对孩子的伤害这么大，于是，她对强强说："乖儿子，妈妈错了，妈妈之所以那么说，是希望你能向王飞学习，做个听话、爱学习的孩子，妈妈没想到这些话那么伤害你，希望你能原谅我好吗？"听到妈妈这么说，强强流着泪抱住了妈妈。

生活中的很多父母可能都有这样一个习惯，喜欢拿自己的儿子与他人比较，总觉得自己的儿子没有人家的优秀，不知不觉地会用其他孩子的优点来比自己孩子的缺点，嫌自己的孩子不够优秀，于是，他们常常会这样对自己的儿子说"你看你，怎么这么笨，这点小事都做不好，你看你的同学××多懂事""怎么又考这么差，你看××，回回都是第一名"等。可能这些是父母无心的话，但说得多了，难免会留在男孩的心里，对他们造成伤害，尤其是对于青春期的男孩，他们更加敏感。久而久之，他们就会向父母认为的那样，也认为自己笨、毫无优点、没有自信心等。无形中，男孩的心灵被扭曲了，这样的后果是惨重的。

其实，任何做父母的都爱自己的孩子，拿自己的孩子和别人家的孩子对比，也是出于善意，希望他们能向优秀的孩子学习，超越别人，为父母争光争气。但是，有时候善心也会做坏事，爱孩子，就不要拿自己的孩子与他人做比较。任何一个青春期的男孩，都会反感父母将自己和其他人进行比较。

对此，我们需要做到以下三点。

1. 看到男孩的优点，并赞扬他

父母对男孩的期望态度一样会影响到他。如果你认为你的儿子是优秀的，那么，他就会按照你的期望去做，甚至会全力以赴让自己变得优秀起来；而反过来，如果你总是挑他的缺点、毛病，那么，他就会产生一种错觉：我不是好孩子，爸爸妈妈不喜欢我，我好不了了。因此，家长积极的期望和心理暗示对男孩很重要。

对于青春期的男孩来说，他们最亲近、最信任的人是他们的父母，因此，父母对他们的暗示的影响是巨大的，如果他们长时间接受到来自父母的积极的肯定、鼓励、赞许，那么，他就会变得自信、积极。相反，如果他们收到的是一些消极的暗示，那么，他们就会变得消极悲观。

2. 即使批评也要顾及男孩的面子

心理学家曾经做过一个关于"青春期孩子最怕什么"的调查，结果表明：孩子最怕的不是生活上苦、学习上累，而是人格受挫、面子丢光。的确，青春期是人格形成的重要时期，男孩已经开始有自己的独立意识，但却尚未形成，也开始在意别人的评价，而他们最在意的是父母的看法。

对于生性敏感的青春期男孩来说，他们都有自尊心，都要面子，作为家长，我们不但不能拿男孩和其他人对比，更应该时刻注意保护好男孩的面子，不要在众人面前说他们的缺点，也不要在众人面前批评他们。因为男孩每一个行为都是有原因的。这是由他的心理、生理年龄特点所决定的。也许这些原因在成人看来是微不足道的，但在男孩的眼里是很严重的，不了解原因当众批评他，非但不能解决问题反而会使问题变得更糟，使青春期男孩产生逆反抵触情绪，导致对男孩的教育很难继续下去。

3. 根据男孩的特点进行教育

任何妈妈都不要拿自己的儿子和其他孩子对比，而要根据自己孩子的特点进行教育。例如，男孩脑子迟钝一些，那就教育他笨鸟先飞，多卖些力。男孩有了进步就应该鼓励。只要男孩付出了努力，已经尽其所能，父母就不要提出过高的要求。

总之，聪明的妈妈要明白，任何人都渴望被赏识和赞扬，我们的儿子也是。为此，无论何时我们都不能拿自己的儿子和其他孩子进行对比，而要看到他们的优点，并给予他们鼓励，相信你的儿子会变得优秀。

我就是不想跟爸妈沟通——如何拉近亲子关系

家长的烦恼

小雷与阿明是很好的朋友，从小一起长大，又进了同一所初中，但小雷与阿明的性格不大一样，小雷性格内向，不怎么喜欢交际，但什么都跟阿明说。上了初中以后，小雷与阿明走得更近了。

最近一段时间，小雷妈妈发现儿子变得很奇怪，除了吃饭时间，他几乎不出自己的房间门。不仅如此，他对妈妈的态度十分冷淡，有时候，妈妈跟他说上半天话，他才会勉强答一句。

周末，阿明来找小雷玩，趁着儿子下楼买水果的空子，小雷妈妈悄悄问阿明："阿明，小雷这几天这是怎么了，对我好像有很大意见呀。你们是好朋友，他一定告诉你了。"

"阿姨，小雷是告诉我了，可是我不知道该不该告诉你。"阿明有点难为情地说。

"只有你告诉我了，我才知道问题出在哪里，才能使小雷摆脱烦恼呀，你愿意帮助你的好朋友吗？"

"是这样的，阿姨，我们已经都长大了，也有自己的隐私了，也懂得自理了，尤其是内衣和袜子，他希望可以自己洗，他曾暗示过你好多次，但你好像都没有明白他的意思。"

小雷妈妈这才恍然大悟，怪不得上次还发现儿子把内衣放在被子里，原来是要自己洗。这下，她知道如何调节与儿子之间的矛盾了。

这种情况可能很多家长都遇到过，聪明的家长当和儿子无法沟通时，会懂得从儿子身边的人"下手"，找到和儿子之间的症结所在，案例中的小雷妈妈就是个聪明的家长。当发现儿子有心事而拒绝与自己沟通时，她选择了向儿子的好朋友阿明求助，这不失为一个沟通的良方。

可能很多家长都发现，男孩进入青春期以后，似乎一夜之间变了，变得好像与父母相隔千里。过去无话不讲的孩子突然不说话了，避免交谈，下学后回到家，就一头扎进自己的屋子里，甚至宁愿把心事告诉陌生的网友，也不愿意与父母交流，对此，很多父母不解，更多的是不知所措。

男孩出现这些情况是有原因的，包括生理上的和心理上的。进入青春期后，他们再也不是天真无邪的儿童了，他们有了成长的烦恼；同时，来自学习的压力、家长的期望，这些都会对这个并不成熟的男孩产生压力，于是，他们需要发泄，需要向他人倾诉。但是他们不好意思向父母诉说这些事情，而且，就算他们愿意向父母诉说，大部分父母也都不能以正确的态度对待男孩的这些问题。听到男孩这些"心事"，他们要么会训斥男孩"不务正业"，要么会嘲笑男孩，总之会使男孩很尴尬。所以，这些男孩宁愿把"心事"讲给陌生人听，也不愿意告诉父母。

那么，面对男孩不愿意与父母沟通的情况，我们该怎么办呢？

1. 与男孩的好朋友保持沟通

国外心理学家通过一项对 2 万多名青春期孩子的研究也发现：孩子在 12 岁以前很愿意与父母交谈他们的想法，但之后却有明显的变化。尽管父母对孩子的态度一如既往，但孩子有了问题和想法，更多会与朋友交谈。因此，与孩子的好朋友保持沟通，是一个家长掌握青春期孩子心理变化的巧妙方法。

人以群分，同龄的孩子之间往往有更多的语言，他们面临的是同样的学习环境，成长中共同的烦恼，因而他们都愿意向朋友或者同学倾诉自己的心事，因为他们会得到理解。青春期的男孩一般都会很注重友谊，不愿意把朋友托付给自己的秘密透露给他人，可见，父母要想和孩子的朋友沟通、了解孩子的内心，是需要下一番"功夫"的。

2. 与男孩的老师保持联系

男孩在学校的学习情况和生活如何，老师都看在眼里，父母都要工作，不可能随时随地掌握男孩的"行踪"，因此，父母有必要经常与老师保持联系。不过，与老师联系，并不是要父母去监视孩子，这是不尊重男孩的表现。对此，父母最好不要让男孩知道，因为男孩并不能理解父母的良苦用心，这样做可能会激怒他，亲子之间的关系会更恶化，此时，你的好心可能就办了坏事。

第5章

引导男孩认识早恋，帮助男孩理性对待青涩的情感

男孩到了青春期，都渴望与异性交往，希望获得异性的注意，但这个阶段的男孩毕竟对爱情和婚姻还没有一个正确的认识，而且，青春期是积累知识的年纪，是为理想和目标努力的年纪，过早恋爱对男孩的身心发展都不利。父母在对青春期男孩教育的过程中，一定要多与男孩进行沟通。当发现男孩有早恋的倾向时，要对男孩进行巧妙引导和沟通，做男孩的知心朋友，聆听他的心声，让他在父母的支持帮助下走出情感的旋涡。

暗恋一个人好苦——理解青春期男孩的单相思

家长的烦恼

钱女士的儿子鑫鑫已经 15 岁了，是个很懂事的男孩。钱女士虽然没什么学历，经济情况也不是很好，但很会教育孩子，鑫鑫也一直把她当成好朋友，最近，她看儿子好像心事重重的，便在周末的上午，把家务忙完以后，来到儿子房间。

"鑫鑫，你是不是遇到什么事情了？"

"我不好意思开口，太难为情了。"鑫鑫说。

"很多事，妈妈都是过来人，我想我能帮你，如果你实在不好意思开口，可以给我发邮件，我会给你回的。"

"好吧，妈妈。"

晚上的时候，钱女士打开自己的邮箱，果然看到儿子的邮件，内容是这样的："我感觉到我真的喜欢上一个女孩了，是一种我从未有过的感觉，那个女孩是隔壁班的，我确定，世界上真的有一见钟情的存在，因为从我第一次看到她，就喜欢上了她，可爱、纯真、活泼、美丽……我简直无法形容她的好了。反正，我觉得她是世界上最漂亮的女孩，我开始每天都想见到她，我每天都被一种奇妙的感觉牵引着……我的情绪也开始被她影响着，她开心，我也开心；她忧郁，我也跟着难受。当我心情不好的时候，只要一见到她，马上就豁然开朗。总之，我的心情随她而变，我可以确定，我是爱上她了，可关键的是，我不敢说出口，因为她那么优秀，那么美丽，肯定不会看上我这样一个普通的男生。妈妈，我该怎么办？"

看来，儿子真的是情窦初开了，那么，这封信该怎么回呢？

很明显，案例中的鑫鑫是对隔壁班的一个女生产生了倾慕之情，但又不敢说出口，这就是人们说的暗恋。有人说初恋是纯真的，其实，最美的还是暗恋，青春期性萌动，哪个少男不善钟情？暗恋，永远是那么甜美、那么苦涩。

事实上，大多数情况下，男孩心中的女孩也许并没有想象的那么完美，俗语说，"情人眼里出西施"，说明喜欢一个人的感觉，主观而片面，听不进他人的意见，他认为的好就是好，你说不好也听不进去，当家长持反对意见或者试图阻止时，他就出现逆反心理，不然就转入地下，这是最让家长感觉头痛的地方。青春期男孩，可以说，基本上都有自己心仪的女孩，但是由于各种原因，很多男孩都只是暗恋，并不敢说出口，鑫鑫就是这种心态。

在教育男孩的过程中，很多家长认为，对于青春期的男孩，一定要严加看管，否则孩子很容易陷入早恋的泥潭。于是，男孩与异性说话都成为他们捕风捉影的信号。而很多父母的这种态度是男孩不敢向父母倾诉暗恋心情的原因。

庆幸的是，案例中的钱女士是个明事理的妈妈，她深知儿子对情感问题难以开口，便建议儿子采取写邮件的方式倾诉出来，对于儿子单恋某个女孩这一事实，也没有采取打压式的方式，而是在寻求怎么引导孩子。

那么，如果你的儿子也情窦初开，有了暗恋对象，该怎么处理呢？

1. 理解男孩的情感

的确，无论是谁，喜欢上异性都是难以自控的，尤其是青春期男孩，更为将心中的小秘密告诉不告诉对方而烦恼，不说自己心里很想念，说出来又怕对方不接受，于是辗转反侧、心烦意乱。

父母要告诉男孩，一个情窦初开的男孩，青春期对异性产生好感，甚至有与之交往的冲动，这是正常的，都是由成长过程中的必经过程。但要学会合理控制自己的情感，掌握交往的分寸。要知道，青春期恋情多数会影响学习，是自己实现理想道路上的岔道和障碍，因此，将小秘密埋藏在心里是明智的选择，让这份初恋的感情在心里发酵，随着时间的推移日久弥香。

2. 与其苦口婆心地劝导，不如巧妙引导

现实生活中，我们常常见到这种现象：一些父母只要感受到儿子有什么地方不对劲儿，便不断盘问，并警告男孩绝不能早恋，父母这样做只会加快男孩将暗恋转化为明恋的脚步。这是因为，人都是自主的，青春期的男孩也开始有了一定的独立意识，他们开始关注异性，而父母越是反对，他越是偏要选择自己倾慕的恋人。因此，深谙教育艺术的父母绝不会苦口婆心地劝阻孩子，因为他们知道，这样只会让孩子陷得更深。

男孩在成长过程中会不断长大，自然会出现一些心理波动。作为父母，我们不妨采取一种讨论的态度，和儿子平等地讨论爱情，让儿子明白青春期是积累知识的时期，对异性的好感并不是爱情，并采取一些方法强化儿子的家庭归属感，让儿子重新把精力集中到学习上来。

与女同学交往就是早恋吗——异性交往不是洪水猛兽

家长的烦恼

这天，某小区整个楼道里都响彻着一对母子吵架的声音。

男孩一直反驳："我没有在学校谈恋爱，信不信由你！"

"那书包里的信是怎么回事，为什么抽屉也锁起来了？"

"什么，你检查我书包？你怎么能这样？"

"你知道不，孩子，妈妈是担心你啊，有多少孩子因为早恋误入歧途，耽误学习，妈妈看得太多，你就听我一句劝吧。"

"我没有早恋。"

"那每天早上和你一起上学的那个女孩是谁？"

"我们班同学，我一个朋友，男女同学难道就不能成为朋友？"

"真正的男女同学之间的友谊是不会这么亲密的，妈妈明白，你这个年纪需要友谊，可是你要把握好分寸。"

"你真是草木皆兵，你是不是管我爸也这么严？"儿子一气之下说了这句话，"啪"的一下，一记耳光打在了儿子脸上，然后安静了。

这样的一幕估计在很多家庭中都发生过。很明显，案例中的妈妈的做法是不对的。男孩到了青春期，都渴望与异性交往，男孩与女同学之间的适当交往对于男孩的成长是有益的。作为父母的我们不可草木皆兵，引发男孩的对抗情绪。实际上，青春期的男孩都有与异性交往的需求。

1. 渴望交流的需要

由于现在的孩子大多为独生子女，没有兄弟姐妹，身边缺少同龄人做伴，比较孤单。一旦心里有话需要倾诉的时候，就会找个说得来的同学或者朋友来替代自己的兄弟姐妹情感。

2. 异性交往是人格独立的需要

青春期男孩除了生理发育和性成熟外，独立意识也大大增强。他们会强烈地意识到自己不是小孩子，希望独立，尤其是情感上的独立。于是，男孩不再喜欢依赖父母，跟父母间的交流也不容易产生共鸣，不少家庭的男孩与父母之间还出现所谓的"代沟"。他们往往通过独立认识、交往新朋友、建立自己的同龄朋友圈子来证明自己已经独立、成人了。

3. 性格互补和身心健康发展的需要

由于男女各自特点不同，男孩往往比较刚强、勇敢、不畏艰难、更具独立性，而女孩则更具细腻、温柔、严谨、韧性等特点，男女同学的正常交往可以促使双方互补，对他们的性格发展和智力发育都有益处。

有时候，男孩与女孩交往，未必就是早恋，父母不能疑神疑鬼，更不能质问男孩，而是要理解男孩的情感，并巧妙引导男孩如何处理与异性之间的情感。

总结起来，男孩与女孩交往，有这样一些益处。

1. 有利于男孩实现个性完善

人与人交往，本身就是一种关系方式。青春期男孩还处在一种对异性封闭的阶段，而男女个性差异比较大，通过相互间的交往和交流，能使他们在个性发展上更丰富、更全面。要知道，男孩以后也将成为社会中的一分子，交往范围越广泛，和周围生活的人联系越多样化、越深刻，自己精神世界也就越丰富，个人发展也越全面。

2. 有利于丰富男孩的思维类型

性别不同，思维习惯和类型也不同，虽然男女孩智力水平基本无差异。在思维方面，女孩擅长形象思维，凭直觉观察事物；而男孩擅长左脑思维，即逻辑思维，常常用抽象、逻辑推演去处理事情，据此，与女同学交往男孩可以实现思维类型和习惯的补充。

3. 有利于男孩实现和异性之间的情感交流

青春期男孩和女孩的相互接触，有利于情感的健全。

从情感差异方面看，女孩情感较丰富、敏感，富有同情心，情感体验深刻、细腻、含蓄；而男生则比较外露、粗线。女孩比男孩更为稳固、持久。

4. 有利于性别角色的社会化

无论男女，其性别角色的实现都要体现在与异性的交往活动中，同样，男孩只有从女孩的眼里才能读出社会对男性的期望。

人的一生注定要在两性的世界中度过，要适应相应的社会规范，青春期男孩就必然会与异性交往而非隔离。当然，这种交往是大方、有利于身心发展的交往。

总之，父母要认识到，异性交往，是培养男孩正确的性别角色和健康性心理的必修课。我们要明白的是，正常的异性交往不仅有利于孩子的学习进步，而且也有利于个性的全面发展。如果能正确对待并妥善处理异性间的交往，不仅可以让男孩顺利度过青春期，还可以起到学习上互助、情感上互慰、个性上互补、活动中互激的作用，对自我的发展是十分有益的。

爱情是什么模样——向男孩灌输正确的恋爱观

家长的烦恼

我们先来看一段母亲和儿子的对话。

"孩子，其实妈妈明白你的心情，妈妈也是过来人，在你这么大的时候，也喜欢过一个人。那时候，他经常来学校找我，并无微不至地照顾我，我发现自己爱上他了，事实上，他已经有了家庭，我伤心欲绝，学习成绩更是一落千丈。"

"后来怎样呢？"儿子好奇地问。

"后来，就在那段时间，我们学校转来了一个新同学，他开朗、乐观，成了我的同桌，我们无话不谈，一起学习、交流心得，很快，他帮助我走出了那段情感的阴影。你知道这个人是谁吗？"

"不知道。"

"他就是你爸爸啊，我们很快相爱了，但是我们并没有沉浸在爱情的幸福中，而是约定要一起考大学，一起追求梦想，后来，我们大学毕业后就结婚了……"妈妈沉浸在甜美的回忆中。

"爸爸太棒了！"儿子赞叹地说。

"是啊，不然我怎么会喜欢他，那你认为她怎样呢？"

"我不知道，但她长得很漂亮。"

"孩子，妈妈也给你一个建议：你不妨也跟她做个约定——你们要一起考上大学，等你考上大学之后，如果你还是这么认为，那么你不妨开始一段美丽的爱情。在这之前，你可以跟她做很好的朋友。"儿子点点头答应了。

并不是所有家长都能和这位母亲一样理解男孩，事实上，很多家长知晓儿子在青春期谈恋爱后，都会火冒三丈，然后"棒打鸳鸯"，最终结果是，男孩只会越来越坚信自己的选择，甚至做出更加"出格"的事。但家长的理解是男孩接受家长建议的前提。因此，作为家长，我们不妨放下架子，与孩子来一次促膝长谈，帮助孩子脱离早恋的苦恼，从那段青涩的爱情中走出来。

"父母是孩子的第一任老师"，鼓励男孩把精力用于学习生活中，并指导男孩与人交往，尤其是要把握住与异性交往的安全距离，离得太近或太远都会给人一种不舒服的感受。

那么，父母应该怎样向男孩灌输正确的恋爱观呢？以下是几点建议。

1. 理解男孩，谈话式教导，引导男孩走出恋爱的误区

我们要关注男孩，应经常询问男孩对周围异性伙伴的印象如何，以了解男孩的情感倾向和所思所想。同时，父母可讲讲自己青春期异性交往的经历与故事，让男孩说出自己的看法。要注意，最好避免用"早恋"这样的字眼，因为这一时期男孩与异性交往大多只是出于一种朦胧的爱慕心理。

2. 告诉男孩如何处理"被追"的情况

作为父母，在对男孩情感理解的基础上，还要告诉男孩如何处理摆在面前的"爱情"，如情书，情书是青春期的少男少女表达爱的一种最主要的方式，父母要告诉男孩：如果有人给你写情书，这表明你很有魅力，的确值得高兴，但是过后一定要把情书收起，把那份美好埋在心底。

3.告诉男孩与异性交往的分寸

我们不妨直言不讳地告诉男孩，青春期对异性产生好感并不可耻，但一定要把握分寸，大胆、大方地与异性交往，即使对异性有好感，也只能让它作为一种美好的愿望，珍藏在心底，等自己真正长大成熟时，她会以百倍的力量、热情、成熟来迎接你！

4.让男孩转移视线，明确初中阶段学习是主要任务

青春期是孩子长知识、长身体的黄金时代，世界观还未形成，缺乏必要的社会知识与经验，如果过早地陷入爱情的旋涡中，势必会影响自己的学业和身心健康。我们要告诉男孩，你现阶段要做的是，明确自己在青春期的奋斗目标，把精力重新投入学习中。

总之，男孩开始进入青春期后，身心上的巨变都会让他对爱情产生一些懵懂的意识。这段时间的男孩经常会陷入迷茫，他们不知道自己要做什么，根本不知道什么是正确的恋爱观。如果父母能够给予他们足够的理解、支持、关心和耐心，鼓励他们说出自己的想法，然后告诉他们该怎么做，男孩就会找到内心与外在世界的平衡，顺利地度过这段危险期！

"爱上老师怎么办"——引导男孩分清是爱还是崇拜

家长的烦恼

这天，王太太帮儿子收拾房间时，无意间看到从书本里掉出来的一页

纸，好像是儿子的信件，挣扎了一下，王太太还是觉得应该看一看，信件内容是："我确实长大了，我今年15岁了，一开始我问自己是不是疯了，真的觉得太不可思议了。但现在我明白了，这是人生的必经之路，爱一个人没有错，我想我也不会再迷茫了。经过反复思考，我发现我真的爱上她了。的确，我自己无法阻挡。她其实并不漂亮，不过我依然爱上了她。因为她有一颗善良的心。我是从初二开始发现的，那个时候，我还在黑暗里挣扎，每天浑浑噩噩地过着，是她给了我方向感，把我挽救了出来。在我没有信心的时候，是她给了我信心，让我重新站了起来。在我有危险的时候，她会不顾一切地帮我。为了我，她付出了很多。一开始我只是感激她，我对她一点点产生了依赖感，我发现我离不开她了。可那时，我只把她当作我的姐姐。不过，现在我发现我不只把她当作姐姐，我爱上了她。谁能理解我呢？"

看到这里，王太太心里一惊，儿子以为自己爱上了女老师，这可怎么办？

一个15岁的男孩爱上了自己的老师，的确是有点儿不可思议，但首先要说明的是，他成熟了，情窦初开了，这是生理与心理成熟之后的必然。

的确，青春期是每个男孩情窦初开的时期，而与之接触最多的除了同学就是老师。对于男孩来说，他们容易对稍长几岁的女老师产生一种爱慕之情，因为女老师温柔、善良、知识丰富，即使最枯燥的课也能讲得栩栩如生。于是，很多男生感叹：爱上女老师该怎么办？

但事实上，这并不一定是爱，很可能是崇拜。很多青春期男孩，对曾经帮助过自己的女老师都有类似的情感，以为这种情感就是爱，其实不一定，有时候，也可能是恋母情结的一种反映，潜意识里把她当作自己的母亲一般去爱。这并不是真的爱情，而是一种崇拜和敬畏。对于这种情况，作为父母，我们一定要对男孩进行引导，让他清楚崇拜和爱的区别，否则，男孩很容易陷进情感的泥潭中。

对此，我们可以这样和男孩沟通。

1.先让儿子冷静思考以下几个问题

（1）爱一个人或许不需要理由，但必须知道爱她什么，也就是她有什么特质吸引了你。

（2）爱是相互的，爱一个人从某种角度讲，其实是意欲将自己的情感强加于被爱者，必须明白对方的感受或意愿。你清楚老师被你"爱"的感受或意愿吗？

（3）爱除了是一种感觉外，更需要责任心。爱一个人，说白了就是要对对方的一生负责，包括生老病死，包括贫穷与灾难，包括可能的她的移情别恋。任谁都有权利爱或被爱，但必须清楚自己爱她的储备是否足够对方一生的消耗。请认真清点自己的储备是否充足。

（4）爱情也需要经济基础。在经济社会，没有脱离经济、社会地位、人文环境的"纯粹的爱情与婚姻"，爱的双方必须拥有相对平衡的社会平台。

2.告诉儿子"她并不是适合你的人"

你可以这样告诉儿子："首先，你们年龄上就有一定差距，人生经验和社会阅历上有差距，人生观、价值观上也有不同点，当然这并不是很重要的问题。

"其次，青春期的喜欢并不稳定。你们之间并不是相互了解，你之所以喜欢她，是因为你把她想象得比现实中完美了。而你也许是情窦初开，等心理成熟以后，就会发现其实你所选择的她并不是你想要的那种人。

"最后，在学校里容易受到周围人的影响，可能你并不想谈恋爱，但是别人都在谈，你也许就会去留意某一人，而实际上并不一定就是你心目中原来的那个白雪公主。"

总之，我们要让男孩明白的是，他应把对老师的爱慕转换为学习的动力，如果能教导男孩把这种喜欢的感觉用的恰到好处，让男孩产生学习的动力，是能对男孩的成长起到督促作用的。

失恋了怎么办——引导男孩摆脱失恋的痛苦

家长的烦恼

有一天，林先生和儿子在一起看电视，儿子将频道切换到他喜欢的青春偶像剧，他很喜欢这部剧的女主角，看到女主角出场时，林先生发现儿子目不转睛地盯着电视，而看到女主角失恋时，儿子也十分难过。

看到这里，林先生就试探性地问儿子："你在学校有没有喜欢的女孩子啊？"

"没有，我怎么可能呢？不过，如果失恋了怎么办呢？"儿子一脸疑惑。

林先生说："青春期的孩子对爱情并没有什么理性的认识，更缺乏稳定爱情观的支持，随着时间和空间的变化，他们可能就会'爱'上别人。因此，一般来说，青春期恋情多数是很短命的，也是流动性最大和最容易发生变化的，今天看你好，明天可能就不好；今天在这个环境喜欢这个，换一个环境又会有新的恋情。所以，我不能说绝对，但基本上，青春期的爱情都是不成熟和欠考虑的，不是真正的爱。很多少男少女都情窦初开，开始对异性同学产生倾慕的心理，这是很正常的，但要以正确的方法去处理这些事情。青春期恋情是不合时宜的，要学会跳出来看这份不成熟的感情，青春期的恋情影响学习和目标实现，其结果是梦中的甜蜜、梦醒后的苦涩！而当跳出这份感情，然后理性地分析看待青春期恋情时，就不至于盲目、糊涂地去爱了。"

"哦，我明白了，原来是这样。"

的确，随着青春期的到来、对情感的懵懂理解，青春期的男孩会很容易搭上早恋这班列车。但同时，可能不少青春期男孩都有失恋的经历，如好不容易下定决心送出的情书被退回，心灰意冷，感到自我价值被否定，以为是世界末日来了，提不起精神学习，没有激情生活，更有偏激的男孩对异性报复打击，或者自我伤害。

青春期的感情是很单纯的，一旦认为自己喜欢上某个人，会钻牛角尖，怎么办？对此，我们不但不能横加指责，还要做到以下两点。

1. 帮助男孩走出失恋的阴影

我们需要有清醒的头脑，绝不能打骂男孩。

作为父母，我们要理解男孩青春期渴望与异性交往的心情，当男孩真的失恋时，要给予宽慰，而不是打骂他。早恋也绝非洪水猛兽，失恋的男孩更需要父母的引导。

2. 帮助男孩转移视线

我们可以告诉男孩，不要将眼光始终放在那个女孩身上，不妨改做一些有意义的事，去做自己喜欢的事情，做什么可以忘掉就去做什么，哪怕是暂时的。因为，本身青春期所谓的"喜欢"都是暂时的，而时间是治疗的良方，随着时间的推移就淡化、忘掉了。例如，足球运动就是很好的转移失恋带来的消极情绪的方法。踢球的过程可以发泄失恋带来的不良情绪。散步、慢跑后也可以愉悦心情，忘掉烦恼。

其实，青春期恋情没有那么可怕，"恋爱像出水痘，出得越早，危害越小。"这句话是有道理的，恋爱是男孩成长路上必经的一个过程，没有经过爱情的人是不成熟的，在恋爱的过程中，了解异性、接触异性，也是有助于男孩自身的完善和发展的，这是他们心理成熟的过程，是成长中的代价，他们会在情感挫折中越来越成熟。从流动的、发展的角度去看青春期恋情，有时就不会那么如临大敌了，就可以平和应对和解决了。

但这些并不意味着青春期的男孩就可以肆无忌惮地不顾学习而去恋爱，努力学习，为目标奋斗，始终是青春期的主要任务，努力提高自己，让自己成熟起来，才能在成人之后，用更加正确的眼光去发现适合的人生伴侣。

总之，我们要让男孩明白的是，中学时代是打基础时期，将来从事何种事业还没有定向，他们今后的生活道路还很长。中学时代的早恋十有八九不能结出爱情的甜果，而只能酿成生活的苦酒。当孩子能正确处理青春期的"爱情"和"失恋"时，也就能把握好人生的舵，不会过早去摘青春期的花朵。

与异性交往的尺度——男孩与异性交往过密怎么办

家长的烦恼

林大姐最近有一件烦心事：儿子似乎有了"早恋"的苗头。最近一段时间以来，儿子跟一位女生似乎"要好"得过了头，不仅每天早晚上学、放学一起走，就连回家后，也是短信联系不断。眼看再过几天就要放假了，林大姐担心的是，假期没有学校的管束，儿子和那个女生之间"要好"的感情会不会越来越难以控制？

林大姐的儿子过了暑假就上初二了，当初儿子考入初中的成绩相当不错，能在班上排前十。但从初一下学期以来，儿子在学习上一再退步，老师也反映儿子读书"很不专心"。林大姐私下找了儿子的同学，也偷偷看了儿子的日记，原来儿子在初一下学期多了一个很谈得来的同年级女同学。

林大姐也曾试着委婉提醒儿子，不要陷入"早恋"而影响学习。但儿子总是很理直气壮地回答自己和那个女生只是比较有话说，是很谈得来的异性朋友而已，两人在一起聊的也是学习上的事情，还让林大姐不要随便"说三道四"。一提到这，林大姐就直犯愁，儿子大了，自尊心又强又敏感，到底该怎么引导，才能让儿子把握好情感的尺度？

其实，林大姐的担心是有道理的，处于青春期的男孩，很难识别异性之间的交往与真正的爱情有什么区别，这也是所有父母所担忧的。

进入青春期的男女同学都有同样的心理，都希望自己能够成为受到异性注目和欢迎的人。为此，他们尽力地改变自己、完善自己，这也是一个自我发展、自我评价、自我完善的最佳心理环境，是克服自身缺点及弱点的好机会。从小培养男孩与异性建立健康的情感，使他们能够理解异性、尊重异性，与异性发展自然的、友爱的关系，会为他们今后顺利地进入恋爱和婚姻关系奠定良好的基础。

然而，与异性同学间的友谊是青春期的孩子之间最为敏感的话题，同性间的友情是可以公开的，但对某个异性的好感却是隐秘的，在口头上是坚决不承认的，这恰好反映出男孩的矛盾心理。这一时期的男孩对异性会有一些兴趣，会关注她们的言谈举止，这种好感是朦胧的、短暂的、不稳定的，所以当他在对某个异性产生兴趣的这段日子里，非常反感别人来刺探他的想法，更讨厌别人干涉他的做法。当家长、老师问及这方面的事时，他一般予以否认，仅说是普通同学关系。事实是，这一时期男孩的情感正处于朦胧期、矛盾期，他自己也很难说清楚。为此，很多父母很担忧。

但无论如何，我们要告诉男孩与异性交往的尺度。对此，我们可以这样与他们沟通。

1. 告诉男孩，青春期是学习自律的关键期，成功的异性交往取决于自觉遵守规则

青春期与异性交往有许多益处，家长应支持。而对男孩最大的支持，是制定交往的规则，提醒男孩学会自律。

父母可以与男孩共同讨论媒体报道的案例或某些电视剧的情节，发表各自的看法，增强男孩自我控制的意志力。在异性交往中善于自我控制，可有效避免许多不必要的麻烦和被性侵害的不良后果。另外，自控能力是建立在正确的知识观念的基础之上的。家长还应该开诚布公地与男孩讨论与异性交往有关的问题，不必有什么禁忌，凡是男孩感兴趣的话题，都可以摆到桌面上进行讨论和争论，必要时还可以查阅书刊或请教专家。

2. 教导男孩学会抗拒诱惑，明辨是非，正确选择自己的成长道路

男孩在异性交往中也会面对形形色色的人和事，如果缺乏分辨力，或是被表面现象迷惑，就可能被社会上负面的东西欺骗或侵蚀。怎么办？一方面，父母在对待婚姻家庭、异性交往的态度行为上应该为男孩做出榜样；另一方面，要对男孩信息透明，不要以为孩子看到、听到的都是正面的东西就不会出问题，关键还是要引导男孩学会自主选择，有能力自我保护。

　　总之，男孩进入青春期渴望与异性交往，是其身心健康发展的重要标志。教会男孩学会与异性和睦相处，是对未来婚姻家庭的准备，也是对未来事业发展和社会人际关系适应的必要准备。

第6章

引导男孩正确面对性，解开青春期男孩的性困惑

进入青春期以后，男孩的身体就逐渐开始发育，面对生理上的变化，男孩情感上也会发生一些变化。进入青春期后，很多男孩产生了对异性了解与认识的强烈愿望，性的成熟随之会给他们带来许多心理问题和令人困扰的事情，甚至表现出一系列性心理行为，如对性知识的兴趣，对异性的好感，性欲望，性冲动，性幻想和自慰行为等，这些都是父母不容回避的事实。此时，我们应该充当男孩的性教育老师，要及时地为男孩解除这些困惑，帮助他健康、快乐地度过青春期！

什么是性——怎样对青春期男孩进行性教育

家长的烦恼

周末的一天，孙太太和儿子强强在家看电视连续剧。说实话，强强最讨厌看这种又臭又长的电视剧了，但强强的几个死党这天都有事，没人陪他打球，他在家也实在无聊，就勉强与妈妈一起看。

现代都市情感剧免不了一些"少儿不宜"的镜头，以前在看到男女接吻的时候，强强总是遮住自己的眼睛，觉得很害羞，而孙太太如果看到儿子在的话，也会马上调台。可这次，强强居然目不转睛地盯着电视，孙太太一下子意识到儿子长大了，儿子对"性"开始有懵懂的意识了。

"妈，男人与女人为什么要亲嘴？结了婚为什么就生小孩了？我又是怎么来的？"儿子一连串的问题让孙太太不知道怎么回答，她明白，是时候告诉儿子这些性知识了，"性"的问题，不能对儿子避而不谈了，孩子终归是要长大的。但她觉得，这些问题，还是让丈夫来解答比较合适，于是，她对儿子说："强强，这些问题晚上让爸爸给你慢慢解答……"

不少父母发现，儿子正在一天天长大，昨天的他还是一个在父母怀里撒娇的男孩，今天他的个头比你还高了。昨天的他还是一个和邻居小朋友抢零食的小男孩，今天的他看见了女生都会退避三舍……此时，性健康教育成为摆在很多家长面前的一道不可回避的难题。我国目前社会文化价值观相对混乱，在青少年性等待期长的特殊时期，青春期的性教育已成为无法回避的问题。

然而，面对这个问题，大人们似乎总是很害羞，大多数家庭中仍然是谈"性"色变；有一部分思想开放的家长想给孩子提前教育教育，却又欲说还"羞"，不知从何说起。

可见，作为男孩的父母，我们有必要结合男孩身心发育不同阶段的特点，及时进行性生理、性心理、性道德等知识教育。这需要父母做到以下几方面。

1. 转变观念，不可对男孩封闭性知识

青春发育是人生必经之途，由于性成熟而出现对性知识渴求和对异性向往是自然的。青春期男孩十分需要从正规渠道（当然包括父母）获得有关性与生殖健康的知识。如果封闭了正确的性知识，不但不能起保护作用，反而使男孩从其他渠道接受片面的、似是而非的甚至色情淫秽的内容，妨碍其身心健康的发展。青春期教育如果出现缺失和失误，在男孩成长史上就会留下无法弥补的遗憾。

2. 从正面教育

很多家长为了避免儿子产生性尝试的欲望，往往从消极面教育男孩，如说性会导致艾滋病和其他疾病、少女怀孕、强奸……当然，告诉孩子这些是必要的。但我们更要注重正面教育，要告诉男孩，正当的性是人类美好的东西。

当男孩向我们提出性问题时，作为家长，不要恐慌，这证明你的儿子已经长大了，应该为之高兴。同时，如果你的儿子做了一些诸如手淫之类的事时，既不要大喊大叫，也不要痛斥他们是什么"坏"孩子。手淫不会使男孩性狂热，性无知和羞怯才会对他们产生消极的影响。

3. 充实自己的性知识，为男孩解疑答惑

为什么许多家长在与儿子谈论性问题时感到困难或者无从回答？这其中一个主要的原因是家长自身对这些问题也很迷茫。事实上，正是因为家长对这些问题避而不谈，才导致他们对性的知识也有限。因此，作为家长，应该学习一些有关性方面的知识来充实自己，了解一些与性教育有关的知识。有了比较足够的知识准备，与儿子谈论性问题时才会有自信心。父母的自信心是轻松而有效地实施性教育的关键。

4. 回答孩子问题时要态度自然，不可遮遮掩掩

青春期的男孩已经有辨别的能力，因此，在对男孩进行正确性教育前，自己先要有纯正思想，而后才能教导他的纯正观念，提供适当的性教育，使男孩在很自然的情况下，吸收性知识。另外，对男孩好奇的一些常规问题，家长既要如实相告，又不能太复杂，否则，只会让孩子更困惑。如人是怎样出生的？父母可以从植物结果讲起，接着联系到人的"性"与生殖，也可以从动物的生殖活动进行示范性比喻。浅显地介绍人类生殖的生理，有助于男孩弄清问题。

在很多有男孩的家庭中，父母总是避讳谈"性"的问题，而让儿子自己去摸索，往往使许多男孩因一时的"性"好奇而犯下错误。其实，父母是性教育的启蒙者，以自然、正常的态度教导男孩正确的性观念，才不会让男孩从一些非正面的渠道了解，才不会让他对"性"有错误的想法和观念，这样男孩才会身心健康地成长！

为什么会性冲动——教男孩正视并控制本能的性冲动

家长的烦恼

程先生有个很可爱听话的儿子，叫程浩。如今的程浩已经 14 岁了。程先生和儿子的关系一直很好，儿子和他无话不谈，在外人看来，他们并不像父子，而像关系很铁的哥们儿。

这天晚上，程先生自己在房间上网，突然收到一封邮件，他打开一看，是儿子写给自己的。这孩子怎么回事，就在隔壁，写什么邮件？抱着好奇心，程先生读起了这封邮件。

亲爱的爸爸，我想这个问题更合适跟你讨论，妈妈是女性，我实在无法开口。

在我很小的时候，妈妈就让我养成了每天晚上洗下身的习惯，先是妈妈帮着洗，大一点儿后就换成了我自己洗。对于这个习惯我从未在意，只是把它当成一件跟洗脸、洗脚一样每天必做的差使。直到前不久的一天，我在洗的时候，突然想到了自己喜欢的一个女孩，然后就在卫生间手淫了，事后，我觉得自己很可耻。我怎么这样？爸爸，你说我该怎么办？以后万一又性冲动了，我该怎么克制？

程先生欣慰的是，儿子能把自己真正当成朋友，什么话都跟自己说，要知道，性冲动这种事不是谁都有勇气开口的，不过，程先生也犯难了，该怎样跟儿子讲述这个问题呢？于是，他觉得应该先上网找找哪些方法可以帮助青春期的男孩克制性冲动。过了一会儿，他给儿子回了封邮件。

很多青春期男孩和父母通常都认为，学习成绩好，听父母和老师的话就是好孩子，反之，一出现让父母或者老师不中意的事情就变成了坏孩子。很多男孩在性冲动后就觉得自己是个坏孩子，羞愧、自责甚至无心学习。实际上，父母都明白，性和吃饭一样，是人体必需的。因为，从生理角度上看，性冲动不受大脑支配而是由血液中的激素水平所决定的，是一种不以人的意志为转移的自然现象，也是一种自然能量的积累过程，当它积聚到一定程度就应该有一个合理的宣泄途径。因此，性冲动就产生了。

男孩在步入青春期以后，性器官日趋成熟，在性激素的影响下，都会产生一些爱慕异性的情感。并且，在日常生活中，男孩还会遇到一些性刺激，如书籍、图像、电影等，这些都可能会让男孩产生性冲动，青春期男孩只要神经系统正常，大多会有正常的性欲，只是强弱不同而已。性紧张是客观存在的，有人偶尔发生，有人因性欲旺盛经常发生。但人是有理智的，在性要求非常强烈而出现性紧张时，也不能任意发泄。它必须受到社会的道德观念和法制观念的制约。

可见，父母要告诉男孩，青春期有性冲动是很正常的事，不必觉得羞愧，但青春期也是积累知识的阶段，你需要把精力投入到学习中，对于性冲动，只有做到自我克制，才能不至于浪费精力，不至于危害身心健康。

我们可以从以下几个方面告诉男孩学会调节和控制性冲动。

1. 帮助男孩养成正常的生活和卫生习惯

你要告诉儿子："男生生殖器的清洗同样重要，平时，你也应注意外生殖器的清洁，避免不洁之物刺激生殖器。另外，要穿宽松的内衣睡觉，尽量避免对外生殖器的压迫和摩擦。"

2. 引导男孩转移注意力，减少性冲动的来源

日常生活中，我们可以带男孩多参加一些积极健康的活动，远离那些

黄色书刊和电影等，这样能有效减少男孩性冲动的发生。

3. 教男孩学会自我教育

父母要在日常生活中锻炼男孩的意志，这样，一旦男孩出现性冲动、性紧张，他可进行自我调节、自我控制、自我暗示：要冷静，不要冲动。

4. 父亲可以告诉儿子：采取偶尔手淫的方法缓解

父亲可以告诉儿子："对于实在难以缓解的性紧张，偶尔用手淫缓解一下，对人体无多大害处，但要注意适度，不能因为好奇或追求快感而频繁手淫。"

总之，作为父母，我们要让男孩明白，青春期产生性冲动不足为奇，但也要学会以上几点自我控制的方法，要学会把注意力转移到学习上来，不可荒废了青春。

为什么会做那样的梦——告诉男孩性梦是正常的生理反应

家长的烦恼

有一天，小伟找到他爸爸，很神秘的样子，在房间窃窃私语。

小伟：爸，我妈不在家吧？

爸爸：不在，怎么了？

小伟：我妈不在就好，我是有一些男人的问题要问你，我妈在我怎好意思问呢？

　　爸爸：男人的问题？什么问题啊？

　　小伟：我最近晚上老是做梦，梦到一些我不该梦到的事，我觉得很污秽。怎么会这样呢？我是不是和电视上说的那样生了什么心理疾病啊？

　　爸爸：你能跟我说你的秘密，说明你很信任爸爸，我很高兴。其实呢，我知道你做的什么梦，爸爸像你这么年轻的时候也做过，你不必害羞，这也不是什么心理疾病，而是青春期的正常生理现象。

　　小伟：是真的吗？我这是正常的？

　　爸爸：是正常的，只不过你要记住，青春期是你学习的时期，你需要做的是转移你的视线，多努力学习、储备知识，等过了青春期，很多问题也就不是问题了。

　　男性进入青春期后，身体便会表现出一系列男性所特有的性特征。许多刚刚进入青春期的男孩，对于青春期的一些正常心理和生理反应常常感到困惑，有的甚至惶惶不安。例如，性梦。

　　许多青春期男孩睡觉时偶而会在梦中见到自己相识的女性或其乳房、颈、腿等部位，此时阴茎也会情不自禁地勃起，当达到极度兴奋时，就会遗精。许多男孩由此自责，觉得自己是个坏男孩，千方百计地去控制自己，可在梦中又不能自已。在医学上，这是一种性梦，是青春期性心理活动的重要内容之一，常发生在深睡或假寐时，以男青年居多。性梦和梦遗不是病态，而是一种不由人自控的潜意识性行为。有关专家指出，性梦是正常现象，不必大惊小怪。

　　据国外调查报告，近100%的男性做过性梦，男性性梦的顶峰期在15~30岁。性梦与道德品质一点关系也没有。人不可能因为品质好就不做性梦，也不可能因为道德败坏就夜夜做性梦，做梦完全不必自寻烦恼。

针对这一点，父母一定要让男孩知道，这是青春期性意识成熟的一种表现，不必大惊小怪，但一定要注意调节，不可影响生活和学习。因为性梦是正常的心理活动，但任何事物都要有个度。如果沉溺于其中，对学习、生活、自己的健康成长都是有害的。

1. 让男孩认识到性梦产生的原因

青春期的到来和男孩生殖器官的发育成熟，让很多男孩对两性之间的很多问题产生很多困惑，寻求和揭示性的奥秘是很多男孩青春期所向往的事情。因此，当男孩接触到一些与性有关的事物的时候，他们都会产生很多性刺激和冲动，但是因为道德的束缚和繁忙的学习，他们的这种欲望一般都会被压制，但熟睡以后，大脑的控制暂时消失，于是性的本能和欲望就会在梦中得到反映。所以，性梦大多是性刺激留下的痕迹所引起的一种自然的表露。遗精是男性性成熟的主要标志，性成熟可能是产生性梦重要的生理原因。

2. 纠正男孩对性意识活动的错误认识

很多男孩认为这是低级下流、黄色淫秽、道德败坏的。如有的男孩由于性梦或性幻想的对象是自己的同学、邻居，甚至亲友，便会产生罪恶感，认为自己乱伦、道德沦丧等。此时除要向男孩解释性梦和性幻想的正常性与普遍性外，还应重点向男孩讲述性梦对象的不可选择性。要让他们明白，他们之所以出现一些困扰，并不是性意识活动本身所致，而是自己对性意识活动所持的态度造成的。以下几点是我们要向男孩传达的。

（1）性梦是一种正常的生理和心理现象，与道德品质一点关系也没有，正常的男孩开始成年，就会做性梦，因此，男孩完全不必自寻烦恼。

（2）性梦中，男孩一般会遗精。

（3）性梦属于无意识行为，不受人的主观意识控制，这就是为什么男孩在白天不会做性梦。

（4）性梦是人体对各种器官及系统的自我检查和维护。睡梦中的性高潮不仅能使人摆脱白天的精神压力，还是对现实生活中没有得到性满足的一种补偿。

3. 为男孩保密

虽然性梦是正常现象，但如果随意向外界披露性梦的内容和对象，不仅会对男孩造成伤害，还有可能引起纠纷。

总之，我们要让男孩明白：有性意识甚至做性梦都没有错，关键在如何调节和发泄，青春期应以学习为重，把精力放在学习上，就能转移性梦对自己的困扰。另外，多参加公共活动，也是一种自我调节的方式！

"这些网页真刺激"——谨防男孩陷入黄毒禁区

家长的烦恼

这天放学后，大概6点多的样子，学生差不多都走完了，班主任严老师因为批改作业，才收拾好，也准备回家了。

严老师正准备去推电动车，看见班上的男生刘明在操场拐角处神神秘秘地跟人通电话，严老师纳闷，刘明这么晚不回家在学校干什么，便过去询问。刚开始，刘明称跟他通话的女生是他的表姐。后来，严老师故意问出一连串问题，刘明开始语无伦次，最后不得不承认，跟他通电话的那个女生不是自己的表姐，而是自己在网上交的女朋友，那女生给他打电话是要给他一个光碟，严老师顿时明白了，估计单纯的学生被骗了，这是黄毒。后来，严老师证实，那个女生给刘明的，的确是一张黄色光碟。

在严老师的劝导下，刘明才逐渐明白自己差点儿成为黄毒的牺牲品，后悔不已，认识到网络的危险后，刘明开始注意了，不再浏览一些黄色黄页，也不随便和网络上的人聊天，他的父母发现儿子开始懂得是非黑白，心里宽慰多了。

的确，处于性启蒙期的青春期男孩，开始对性知识有了很多好奇，但很多青春期男孩并不是通过书本、父母等正常渠道得到的这些性知识，而是通过色情网站或者一些黄色光碟、图书、刊物等，他们比女孩子更容易受到诱惑，而这，很容易让他们陷入一些黄毒的泥潭不可自拔。

大千世界，无奇不有，在我们的周围存在很多很多的诱惑。有很多美好的诱惑，激励我们去追寻，但是，在我们的生活中，也有许多干扰我们成功、影响我们幸福生活，甚至严重危害我们身心健康的诱惑。有些诱惑成年人都无法拒绝，更何况青春期的男孩。那些不良诱惑有时就像"吸血蝙蝠"，让人舒舒服服地上当，在不知不觉中成为它的俘虏。这其中就包括黄色暴力。

对此，父母一定要告诫并引导青春期的男孩，必须学会分辨并自觉抵制社会生活中的黄毒，才会有健康幸福的生活、学习和未来。否则，将会为之付出惨痛而沉重的代价。

1. 告诉男孩黄色暴力的危害

要想让男孩做到自觉抵制黄色暴力，就要让他们认识到黄色暴力的危害。对于青少年来说，被黄毒侵害，容易想入非非、性冲动、手淫、纵欲、嫖娼甚至导致性病、败坏社会风气等，让男孩主动远离黄毒，才能让他们做到不接触，不欣赏，不沾染，不模仿，自觉抵制黄毒的侵袭。

2. 告诉男孩几点远离黄色暴力的方法

（1）遇到黄色的东西，如黄色、淫秽影碟，裸体书画，印有裸体女人的扑克,一律交大人处理及时告诉老师或家长,让自己平静下来,不受其影响。

（2）与周围的同学和朋友的话题要避开黄色。

（3）不要到经营录像的游艺厅去看录像,也不要随意看家长借来的影碟。

（4）如果有人向你兜售影碟和光盘,要坚决不理睬他,更不要听信他们的花言巧语。

（5）经常参加有益身心的活动,如登山、游泳等,这些健康活动是驱除黄毒的灵丹妙药。

（6）要加强体育锻炼,和女同学健康交往,多参加集体活动。

总之,青春期,是人生的迷茫期,这个时间段的男孩的确很容易被黄毒诱惑,我们父母要做好监督工作,并引导男孩做到自觉抵制,才能将黄毒拒于千里之外。当然,除此之外,社会、学校也承担应有的责任。另外,从源头上抵制,还要青春期的男孩有良好的自制力,好好把握自己,这是最不可忽视的一个环节。

青春期可以过性生活吗——告诉男孩青春期性行为的危害

家长的烦恼

期末考试终于结束了,辛苦一学期了,终于解放了,小风想好好地放松一下。他的爸爸妈妈都不是那么苛刻的人，他们说这天晚上可以允许小风跟好朋友出去玩，也可以好好地上一次网，小风一听可以上网，兴奋得像只小鸟一样，马上打开电脑，当然，首先，他就登上了 QQ 账号，和久违的几个朋友聊了起来。

他有个聊得来的朋友，小风叫他哥哥，一阵寒暄之后，两人聊起来了。好像这个哥哥有很多烦恼，于是，他一股脑儿地都向小风倾诉了。

"小风，我遇到了些麻烦，现在很烦恼，我不知道怎么办？我的女朋友怀孕了，我想我会带她去流产！"

小风一听，吓得半天没说话。在他的世界里，毕竟都是孩子，恋爱、婚姻甚至怀孕这些事离自己太远了。

"哥哥，为什么要人流呢？"

"怀孕了，还没结婚就要人流呀。"

"那为什么你要让她怀孕呢，我听说人流对身体伤害很大。"

"是啊，我自己也后悔，总之，小风，你要好好学习，不要在学校谈恋爱，更不要做出什么越轨的事，不然到时候和我一样，害了别人，也害了自己。"

小风听完这些以后，久久不能平静。

我们都知道，青春期是童年到成年的过渡阶段。进入青春期，男孩身体的各个器官逐步发育成熟，也开始有了性的萌动，很多男孩以为青春期就可以过性生活了，其实，青春期，无论是男孩女孩，性生活都为时尚早，对身心发展都很不利。

为此，作为父母，我们在日常生活中要对男孩进行引导，不可让男孩在青春期就偷尝禁果。

父母要告诉男孩以下几点青春期性行为的危害。

1.过早的性生活可造成生殖器管道损伤及感染

处于青春期的男孩，生殖器官并没有发育成熟，还很娇嫩，对性生活也没有一定的保护措施，很容易引起感染等，也很容易受伤。

2.过早的性生活可严重影响心理健康

通常情况下，那些青春期的少男少女的性行为都是在偷偷摸摸的情况下进行的，根本没有任何心理准备和生理准备，而且，事后男孩和女孩都会因此感到可耻，又因怕女孩怀孕、怕暴露而产生恐惧感、负罪感及悔恨情绪，久而久之还会使人发生心理变态，如厌恶异性、厌恶性生活、性欲减退、性敏感性降低和性冷淡。

3.过早的性生活会引起自己今后婚姻生活的不愉快

少男少女从相恋到结婚是一个漫长的过程，男孩身上背负了更多的责任。但事实上，这期间，不能保证始终相好如初，分手的事也是在所难免的，伤害的不仅是自己，还是女孩。这以后，无论男孩女孩，再与他人成婚，如不告诉对方，自己会产生心理上的谴责感；告诉了对方若得不到对方的谅解，那么，两人的感情将会蒙上一层阴影，婚姻不会美满。即使从青少年时相恋至成婚，两人相好如初，那么，新婚的甜蜜感也会因此而黯然失色。

4.过早的性生活可影响学习和生活

青春期是每个人人生的过渡期，也是知识的积累期，每个青春期的男孩都要利用好这段时间学习，如果有性生活必然会影响学习的精力，对自己、家庭和社会都不利。所以说青春期应忌性生活，应十分珍惜自己的青春与身体，把注意力和兴趣投入到学习、工作中去，这对于自身的健康成长、事业成就、生活幸福都有重要意义。

总之，我们要告诉男孩，青春期身体各系统器官正处在生长发育阶段，尤其是内外生殖器还没有完全发育成熟，这时如有性生活，对身体十分有害。

第7章

引导男孩正确面对网络的诱惑，帮助男孩理智上网

　　现代社会，网络给我们的生活和工作带来的便捷早已被公认，而作为父母，我们要想让儿子适应现代文明，就必须引导他们健康上网。很多父母为了避免儿子受到网络的毒害，因噎废食。其实，这是不正确的，上网也没那么危险，对于青春期的男孩来说，掌握信息技术、利用网络来学习，是能帮助他们提高学习成绩和拓宽视野的。但青少年好奇心强，渴望知识，面对游戏以及网上花花绿绿的虚拟世界，常缺乏冷静而客观的态度。作为父母，一定不能掉以轻心，要为孩子建立起一个绿色、安全、健康的网络天地和信息通道，从而引导其健康上网。

上网真有趣——三类上网行为，父母该如何引导

家长的烦恼

这天，某小区里，三位女士聊起了自己的青春期儿子的教育问题。

"哎，真愁人，最近我们家小军的成绩下降了不少，他就是爱玩游戏，我们把电脑搬到自己房间后，他就拿零花钱去网吧上网，刚开始，他会晚归，现在都彻夜不归了，真不知道怎么办？现在的网络真是害死人啊。"

"我们家明明的情况不同，他就爱网聊。我有一次上网，无意中看到他的QQ挂着，我发现他居然有1000多个网友，真是吓死我了。你说孩子都把时间花在了和那些人聊天上，哪有心思学习？"

"是啊，不过我们家儿子的情况更糟糕，他网恋了。有天，他还很兴奋地给他的女朋友打电话呢，一口一个宝贝地叫着，真怕他上当受骗啊。"

"哎，真不知道怎么办才好……"

相信很多青春期男孩的父母都有以上三位母亲的苦恼：儿子沉迷网络聊天、网络游戏和网恋，该怎么办？

现代社会，互联网已经盛行，它在给人们的生活带来方便的同时，也给人们带来一定的毒害，尤其是孩子。事实上，现在的男孩，学会上网的

年纪越来越小。对于青春期的男孩来说，上网聊天、玩游戏似乎已经成了每日必做的功课，男孩上网无可厚非，但沉迷网络，肯定不是什么好事。大部分家长对孩子上网都持否定的态度。其中担心影响学习、结交不良朋友、接触不良信息成为家长们反对孩子上网的主要原因。

上网影响学习成绩，是家长普遍担忧的现象。男孩长时间上网，会导致作业无法按时完成，上课质量下降，甚至会过于依赖网络，利用网络来搜索作业答案，造成独立思考能力下降。未成年学生自制能力差，一旦迷上了上网，便会长时间"寄居"在网上，将大量的时间和精力都投入到网络世界中。

一般来说，男孩上网，从事的活动一般是聊天、玩游戏、网恋三类，这是令父母更为头痛的事，因为这三类行为更易让男孩产生网瘾。为此，我们有必要着力从以下三个方面对男孩进行指导。

1. 应对网上聊天——教男孩学会自我保护

青春期的男孩自我保护意识不足，很容易相信虚拟世界中的人。针对这点，我们要告诉男孩，千万不能透露一些重要信息，如家庭住址、学校、身份证号码、财产信息等，因为对方可能别有所图。学会有所保留，才能让男孩学会自我保护。

2. 应对网络游戏——转移男孩的注意力

如果男孩沉迷网络游戏，家长可以采取家庭疗法，多与孩子沟通。这种沟通不是简单地过问学习成绩，而是把男孩当成朋友，关注他们的感情世界，和他们一起探讨其感兴趣的话题。另外，调查发现，喜欢网络游戏的孩子都很聪明，而且动手能力强，但是长期下去却有可能导致他们的智力水平降低。这时必须转移他们对网络的注意力，可以多搞一些科技活动，充分发挥他们的特长，循序渐进地把求知欲和好奇心引向健康轨道。

3.应对"网恋"——不打不骂，摆事实

在如今这高科技时代，网络成为许多人生活中不可缺少的一个重要成分，网恋也在逐渐蔓延，并呈上升的趋势，虚幻的情感使得许多男孩为之神魂颠倒。也许正是虚幻的美丽，给予大家一个想象的空间，也给了网恋一个极大的市场。但毕竟网恋有的只是情感上、精神上的沟通，现实中的许多问题在网络上根本无法体现出来，并不完全可靠，网络中的虚拟与现实中的真正接触还存在一定的差距。网络上即使有爱，也必须在现实中才能得到发展，否则不过是空中楼阁、海市蜃楼、水中月、镜中花，太虚幻，太难以实现了。

青春期衔接着男孩的童年和青年，是人生的岔路口，是长身体、学知识、立志向的重要时期，失败的网恋会让男孩有一种说不出的痛。因此，家长一定要对此引起重视，别让你的儿子成为网恋的牺牲品。

当我们发现儿子已经网恋时，绝不能打骂，而要巧言劝导，让男孩明白什么是真正的爱情，网络爱情并不真实。还可以运用摆事实的方法，以那些青少年被骗的案例来引导男孩了解网络的虚拟，让其学会自己判断，最终"斩断情丝"，回归到正常的学习和生活中。

总之，"父母是孩子的第一任老师"，面对男孩上网的三类行为，父母一定要给予引导，使其能安全、健康地上网。

精神空虚才上网——引导男孩充实内心世界

家长的烦恼

王先生的儿子已经 17 岁了，是一名高二学生。从上高中开始，他每天的时间就是在网上度过的，除了吃饭和睡觉，他的眼睛就没离开过电脑。他不喜欢上课，不跟同学聊天，也不去图书馆。

这天，班主任老师把王先生请到学校，对他说："王奎同学是个很聪明的孩子，刚上我们学校时，我记得是前几名的成绩，但是现在几乎是班上倒数第一了，他不来上课，我已经没办法劝动他了，如果再这样下去，我只能让他退学。不过，我想知道王奎这是怎么回事，他为什么有这样大的变化？"

"是我的错，是我忽略了对他的关心。从去年开始，公司出了点问题，我就一心扑在工作上，也没管过他，有几次，他都说要去云南玩，我太忙了，哪顾得上这些……"

"是啊，很多青春期的孩子之所以沉溺网络，就是因为他们精神世界的空虚，缺乏父母的关爱。"

为什么王奎对网络如此的着迷？原因只有一个，就是精神世界的空虚。

沉迷网络的男孩，大多处于青春期。沉迷网络其实只是一个表现，网络仅是一个载体，问题的本质在于家庭是否在男孩的成长中注入了正确的成长因子。如果家长的教育出了问题，网络也好，游戏机也好，甚至体育运动、唱歌都有可能让男孩沉迷进去。我们教育青春期的男孩，除了要关注他们的学习外，还需要了解他们的精神世界，让男孩在关爱中成长，才是其健康成长的保证，而空虚的精神世界则会让男孩试图寻找其他方式来填补，沉迷网络就成了他们的首选。

因此，教育青春期的男孩，重要的是全方位细心地关注他的生活、学习中的真正需要，尊重他们，真诚地关心他们，让他们信任我们，像朋友一样交往。其实不仅是对待男孩沉迷网络这件事，对待男孩成长中的其他问题，也同样是这样。培养精神富足的男孩，才会让男孩懂得更多，更自信、更坚强、更聪明、更优秀、更健康，才能彻底改变他们以往的不良行为和习惯，从而使他们树立正确的世界观、人生观。

那么，父母应该怎么做呢？

1. 引导男孩读书

父母往往会把自己的读书兴趣和习惯传递给男孩，男孩会在潜移默化中受到影响。美好的亲子阅读时光和互动，不仅能让男孩自由地发问、思考，而且能增进亲子感情。父母对书中内容的引导，会给男孩留下深刻的印象。

2. 让男孩努力学习科学文化知识

学习始终是青春期男孩的天职，男孩如果想要进步，想要紧跟时代的步伐，想要超凡脱俗，就必须努力学习。

3. 多带男孩出去走走

有人说，读万卷书，不如行万里路。其实，哪一样都很重要。男孩的日常读书是一个持续的过程，而在青春期的时候，多些对大自然的欣赏、对民俗风情的理解以及对另一环境里的人民的生活状态的认识，都会对男孩未来的生活和职业选择产生影响。

4. 丰富男孩的课余生活

诚然，青春期的男孩，最大的任务是学习，但这个时期的男孩是渴望交友、渴望倾诉的，我们要鼓励男孩交朋友，鼓励男孩多参加课外生活，让男孩劳逸结合。当男孩得到身心的放松后，也就不会觉得精神空虚了。

5. 让男孩在游戏中学知识

每个男孩都不喜欢枯燥的学习形式，父母和男孩一起游戏，就能够在欢乐的气氛中把知识传递给男孩。

6. 让男孩学会多探索、多记忆

（1）多种方式让男孩探索。男孩记忆力是超过父母想象的，他们在眼睛看、耳朵听的同时，还在积极思考。所以，父母可以通过各种方式让男孩在知识的海洋中探索。

（2）营造与孩子的亲密时光。男孩越大，越渴望与父母有交流，只是很多父母忽视了男孩的这种需要。

（3）全面看待男孩的"坏"习惯。男孩不是完美的，总是会有这样那样的"毛病"。如喜欢接话茬。如果我们完全禁止他，要他闭嘴，在一定程度上会影响他的积极性。只有教导他如何正确表达自己的看法，他才会更好地发挥自己的优点。

7. 通过各种方式让男孩了解到现代网络的利与弊

家长要明白，把男孩和网络隔离开是一种不明智的做法。正确的教育与引导才是明智的。

总之，青春期，正是男孩人生观和价值观的形成期，好奇心强，自制力弱，极易受到异化思想的冲击。网络既是一个信息的宝库，也是一个信息的垃圾场，各种信息混杂，包罗万象：新奇、叛逆，而又有趣味性，对男孩的成长极其有害。我们要意识到这个问题，通过丰富男孩的精神世界让他们懂得沉迷网络的危害，男孩自然就能远离网络带来的弊端，健康向上地成长！

青春期要屏蔽网络吗——引导男孩健康上网

家长的烦恼

　　孙女士是一家名企的老板，公司经营得有声有色，但家庭教育却是她的短板——她一直为儿子的教育问题烦恼。后来，在朋友的推荐下，她找到了一位心理咨询师，希望这位老师能给她帮助。她是这样阐述自己的问题的：

　　唐老师，您好，我是经朋友推荐知道您的，我听说您在教育孩子方面很有一套，您为很多家长解决了难题，很专业也很热心。我很感动，我们这些独生子女的父母真需要您这样的老师给我们指点迷津。

　　我儿子今年 15 岁，正在读寄宿初中，今年三年级了。记得小学的时候，他的学习成绩一直是班上前几名。在初一上学期之前，他性格也很活泼，但初一下学期突然回家不爱说话了，迷上了网游，后来一放学就自己待在屋里，不管什么时候都要关上门，作业也不做。他现在整天不上课，不是上网吧就是在宿舍里睡觉，父母、老师的话都听不进去，上个学期考试好几门不及格。除了上网玩游戏外他什么爱好也没有，我曾试着带他一起锻炼、郊游、摄影、逛书店，但他哪儿也不去，周末回家后就是睡觉。原来我们以为是青春期的表现，但已经快 3 年了，也不见好转，我都急死了，我还希望他能考上一个好的高中呢，我也不知道怎样才能改变他。您能告诉我怎么办吗？

　　现实生活中，可能不少男孩的父母都有案例中的孙女士的烦恼，网络是个大家关心的话题，孩子作为家庭的一员肯定要参加到这个问题里面来。

尤其是进入青春期的孩子，他们在网上相当活跃。他们能在网上大量查询感兴趣的信息，喜欢浏览网页，并敢于向权威人士提问。除此之外，他们也开始进入聊天室，与他人分享经验和兴趣。是否能让男孩上网？答案应该是肯定的。但网络的负面作用早已毋庸置疑，针对这种情况，我们对家长提出以下建议。

1. 网络并不是什么洪水猛兽，因此不必对男孩完全屏蔽网络

让男孩"远离网吧""远离网络"也只是让他们远离网瘾毒害的权宜之计。长此以往，若几代人都要 18 岁后才接触网络，网上信息资源的浪费是其次的，远离信息时代最重要工具的青少年素质及心理健康也会大受影响。文明上网以预防为主，家长不要把网络视为洪水猛兽，网络是不能抗拒的发展方向，我们要主动迎接这一挑战。

2. 以身作则，父母也要健康上网

为什么国外青少年上网成瘾的现象没有我国严重？因为国外都是父母首先学会健康运用电脑和网络的。如果家长自己沉迷于网络游戏、网络聊天等活动，孩子必然"看在眼里、记在心上"，一旦有机会便会效仿。同样，如果家长抵制网络，不愿意学习网络技术，利用网络学习新知识，那孩子也会反感新技术，不愿意接触新事物。

因此，作为家长，自己首先应当及时学习充电，了解电脑、网络的一般常识，只有这样，才能有效地起到监督男孩的作用。如果你什么都不懂，小心了，你很有可能会受到孩子的欺骗。当你懂得一些网络知识后，就可以和男孩一起感受网络所带来的便利与快捷。必要的时候，甚至可以向儿子学习，当然，也可以请一些朋友或老师帮忙。

3. 运用多种措施对男孩加以引导

（1）严格控制男孩子的上网时间。长时间凝视电脑屏幕会导致视力

下降，进而近视；显示器产生的电磁辐射也会直接侵害孩子的身体；大脑由于处于长时间的紧张工作状态，会变得麻木、混沌；颈椎、脊柱等部位会因弯曲、久坐不动而变形、疼痛。除此之外，还会对其学习、生活产生不良影响。所以应严格控制男孩的上网时间，一般应控制在每天1小时为宜。

（2）严格控制男孩上网的内容。网络上黄色、反动、黑客等站点会对自制能力较差的孩子产生误导作用，家长在电脑上要安装网络过滤软件，并经常查看男孩上网的历史记录及收藏信息，发现问题要及时采取对策。

（3）教育男孩要安全上网，不要透露个人信息。家长要时常教育男孩坚决不要将个人及家庭信息暴露在网络上，坚决不要让男孩被别人诱导，将个人账号、生日、住址等信息暴露出去。

（4）引导男孩上一些启发性强、有关自然科学文化知识的网站，并引导男孩学会查找一些他们认为有趣的信息。

青春期的男孩毕竟自制力有限，面对网络的各种诱惑，很多大人都难以抵制，更何况他们。对此，家长只有加以监督和引导，才能让网络成为男孩获取知识和信息的有用工具！

网络中有真正的友谊吗——引导男孩慎重对待网友

家长的烦恼

有一段时间，陈女士发现自己的儿子小凯很高兴，回家都哼着歌儿，周末的时候一大早就出去了，回来手上提的不是穿的就是吃的。陈女士问他发生了什么事，原来是小凯在网上交了一些朋友，小凯告诉妈妈，他认识的这帮哥们儿人都很好，经常请自己吃饭。还带自己去玩。陈女士心里便有点担忧，怕儿子交了不良朋友。

果然，不到半个月，小凯就告诉妈妈："原来他们并不是什么好人，那天，他们说要带我去玩。我们去了台球室，我亲眼看见他们勒索别人，我现在怎么办，他们肯定还会再来找我的。"

陈女士对儿子说："别担心，以后回家的路上就和其他男同学一起，人多，他们不敢怎么样。另外，妈妈要告诉你，你这种交朋友的原则是不对的，尤其是那些网友。要知道，这些社会不良青年，就是潜伏在网上对你们这些单纯的青少年下手。朋友贵在交心，而不是物质上的，你明白吗？真正的朋友是帮助你成长成才的。"

随着计算机技术的发展，网络正以前所未有的强大力量冲击并影响着人们的生活，它在发展青少年智力的同时，也有其弊端。网络使人像吸海洛因一样成瘾中毒，它对网迷特别是青少年网迷的身心健康发展造成较大危害。

不得不承认，网络技术的发达让信息沟通起来更方便，它可以让两个不认识的陌生人畅所欲言地交谈。忙碌的现代人也习惯了通过网络来传递心声、交朋结友。因为网络具有虚拟性和隐匿性的特点，但也带来了一些弊端，如网上"交友""聊天"以至"网恋"越来越严重。很多社会不良人士就将魔手伸向青少年，也包括一些青春期男孩。因为青春期的男孩缺乏自我控制和自我保护能力。很多青春期的男孩更是单纯地认为网络中有纯真的友谊和恋情。其实，并不一定，当你对网络另外一头的朋友已经信任时，或许你正陷入危险之中。近年来，不法之徒利用网络对青少年实施犯罪的案例不断出现，而少男少女因为迷恋网络而犯罪甚至丧命的悲剧也频频见诸报端。

另外，父母要明白，青春期是每个男孩的人格发展和形成期，这时候，交什么朋友，与什么样的人交往，会对男孩的一生形成影响，不但影响着男孩的言行、穿着打扮、处世方式、兴趣趣味，还影响着男孩自身的价值观、对自我的认识。与不良的网友结交，不但影响男孩的学习，甚至会让男孩产生错误的价值观，做下错事。

为此，作为父母，我们必须让男孩认识到网络聊天的危害，让男孩慎重对待网络朋友。

我们要告诉男孩：

1. 对待网络朋友，一定要慎重，你可以问自己是否知道以下几条信息

（1）谈吐是否显示有素质？谈话可以看出一个人的修养。那些说话流里流气的人，毫无口德或者满嘴脏话的人要远离。

（2）对方的资料是否较全？如果对方对自己的真实信息遮遮掩掩的话，你要小心了，因为一个坦荡交友的人是不怕把自己真实的所在城市地址、年龄、职业写出来的。

（3）是否有共同语言？这里的共同语言指的是，人生观、价值观等方面是否相同，而不是一些负面的思想。

（4）交往持续多长时间了？时间是可以验证情感质量的。

2. 关键的是自己一直要清醒地对待网络朋友

（1）保持警惕心。不要轻易告诉对方自己的真实住址、姓名、电话。除非交往时间很长，确认对方可以信任了。

（2）最好能将网络与现实区分开，不要让网络影响现实。

（3）尽量少跟已婚异性交往，对方是否已婚，一般可从谈吐中听出来。

（4）尽量不要单独会见异性网友，尤其是在晚间，防止被骗。

（5）对方要求视频时，尽量回绝。

我们要让男孩明白的是，我们能理解他们正处于青春期，需要朋友，但交友渠道一定要正当，对待网络上的那些朋友，一定要慎重，要学会保护自己，不要上当受骗！

第8章

性格形成，告诉男孩比金钱更有价值的是品质

处在青春期的男孩正处于人生的岔路口，青春期给他们带来的除了身体上的巨大变化、逐步发育完全外，还有思想、心理上的变化，也是性格形成的关键时期。任何青春期的男孩都渴望成熟、独立，这个阶段后，男孩会变成什么样的男人，全靠我们的引导。我们要引导男孩变得坚强勇敢，引导男孩具有高度责任感，引导男孩壮志凌云……要知道，任何一个男孩，只有练就好的性格，才会健康成长！

自主力——有主见才能自立自强

家长的烦恼

小祥是个电脑迷，在他很小的时候，他就对电脑感兴趣。到了初中，学校就有了信息技术这门课，小祥可高兴了，平时一有时间，他就开始"钻研"电脑，但他的父母则明文规定，不许玩电脑，放学后必须做多少作业和练习，这让小祥很不高兴。于是，放学后，他就尽量不回家，或去同学家或去网吧。不过说也奇怪，小祥在这方面确实很有天赋，在那年市青少年科技创新大赛上，小祥居然获奖了，这让他的父母吃了一惊，并重新认识了孩子"玩电脑"这一情况。但小祥却不领情了，他用自己的奖金买了电脑，从此一放学就把自己关在房间里。有时候，父亲为了"讨好"他，主动向他请教电脑方面的知识，他也不理睬。

有一次，父亲听老师说小祥自己建了一个网站，便想看看儿子的成果。这天，他看见儿子的房门没关，电脑也开着，就打开看看，结果他却听到儿子在身后吼了一声："谁让你动我的东西？"因为自己理亏，父亲也没说什么。不过，从那以后，小祥的房门上就多了一把锁。

这里，小祥为什么不愿意和父母分享自己的个人爱好与努力成果呢？

很简单，因为父母曾经否定过自己的爱好。很明显，面对孩子喜欢玩电脑，小祥父母的处理方式不恰当，男孩对现代科技的爱好和探索，家长应予以正确的引导和鼓励，不能以一成不变、简单粗暴干涉的方式来约束他，应该突破传统教育的固定模式，家庭教育也需要与时俱进。

可能很多父母都会认为，儿子只要听话、省心就好，然而，这样的男孩只能生活在父母的臂弯里，没有主见，更不能自立。而男孩必须自立自强，因为社会赋予男人更多的责任，需要面对更大的困难，需要不懈地自我奋斗，可以说，成功男人的成长和成熟是一个不断挑战自我、艰苦奋斗的过程。诚然，男孩的听话让父母安心，这样的孩子在小时候可以避免许多不必要的危险和麻烦。男孩的听话也让父母欣慰，因为听话的孩子肯定不笨，理解力强，善解人意。然而，这是一个强调创意的年代，作为男孩，如果习惯于听话，那么，在未来社会他就很可能迷失自己，因为当找不到那个权威的发话人时，他就不知道该听谁的。

具体来说，我们需要做到以下几点。

1. 给男孩表达意愿的机会

相当一部分家长害怕男孩走了错路，习惯于事事为男孩做出决定，少有征求男孩意见的时候；一旦男孩不遵从，就大加责备。其实家长在任何时候都要注意让男孩充分表达自己的意愿，给他表达自主思想的机会。

事实上，相对于女孩的乖巧来说，男孩更调皮一些，尤其在成长期，他们总是做出一些让父母意外的事情，其实这正是男孩在探索世界。作为父母的我们，要学会引导他们的想法，而不是一味地压制和制定规则，如果你总是告诉他不许这个、不许那个，那么，男孩很有可能变成什么都不敢尝试的懦夫。

2. 不要总是命令男孩

很多家长在要求儿子做事时，往往喜欢使用命令句式，因为他们以为，男孩天生是听话的，应该由别人来决定他的一切，如"就这样做吧""你该去干……了"。而这种语气会让男孩觉得家长的话是说一不二的，自己是在被强迫做事，即使做了心里也不高兴。

家长不妨将命令式语气改为启发式语气，如"这件事怎样做更好呢""你是否该去干……了"。这种表达方式会让男孩感觉到家长对自己的尊重，从而引发男孩独立思考，按自己的意志主动处理好事情。

3. 尊重男孩的爱好，鼓励他做自己喜欢做的事

男孩调皮，喜欢做做这个，试试那个，家长便会担心孩子无心学习，或者染上什么不良的习惯、接触到社会上那些坏孩子等问题。有时候，我们越是干预，越是阻止，男孩越是会义无反顾地去做。其实，我们应该做的，首先就是相信他，你要告诉他，无论你选择什么，爸爸或者妈妈都相信你，但是你也要做出让爸爸妈妈相信你的事情，在保证学习不受影响的情况下，爸爸妈妈允许你做自己喜欢的事。

4. 让男孩随时随地自主选择

家长对男孩自主选择的尊重，可以随时随地体现在最简单的日常生活中。

（1）吃得自主。当男孩能力所及时，在不影响他饮食均衡的情况下，家长可以让男孩自己选择吃什么。例如在吃饭后水果时，家长不必强迫男孩今天吃苹果，明天吃香蕉，要让男孩自己挑选。

（2）穿得自主。男孩也喜欢好看的衣服，家长带男孩外出玩耍时，在保证安全、健康的前提下，可以让他自己决定穿什么衣服，切忌随自己喜好而不顾他的感受。

（3）玩得自主。不少男孩在玩游戏时，并不想让成人教给他们游戏

规则，更愿意自己决定游戏的方式，并体验其中的乐趣。家长可让男孩自己选择玩具和玩的方法，这样做可以极大满足他的自主意识，帮助他成为一个有主见的人。

当然，不给男孩制定太多的规则，不代表没有规则。具体事情要具体对待，可根据他出现的问题临时性地给他制定规则，但一定要征求他的意见，就请他参与到规则制定中来。

自信——自信心是最重要的心理品质

家长的烦恼

苗苗一直爱好音乐，爸爸妈妈虽然不同意苗苗以后以音乐为生，但拗不过儿子，还是答应了苗苗的要求，每周末要么去学钢琴，要么去学小提琴等。但苗苗是个三分钟热度的孩子，兴趣来得快，也去得快，爸爸妈妈从没想过苗苗能学出什么名堂来。

有一个周六的晚上，妈妈和爸爸一起去小提琴培训班接苗苗，回家的路上，苗苗说："爸妈，我想参加市里面的小提琴大赛，我们学校都没几个人敢报呢？你们说我可以报名吗？"

"平时出于兴趣，去学一下那些，我们是不反对的，可是我看你还是别报名的好，肯定没戏……"苗苗爸爸给儿子泼了一头冷水。

"你可别这么说，谁说我们苗苗没戏了，我看苗苗很有音乐天赋。苗苗，你去报名，妈妈相信你一定可以的！"受到妈妈的鼓励后，苗苗顿时精神大振。

从那天后，苗苗把每天的空余时间都拿来练琴，小提琴拉得越来越好。果然，在市里的初中生小提琴大赛上，苗苗不负厚望，取得了第二名的好成绩，而苗苗妈妈也认为自己是最有眼光、最明智的妈妈。

自信心是一种积极的心理品质，是人们开拓进取、向上奋进的动力，是一个人取得成功的重要心理素质。自信心在个人成长和事业成就中具有显著的作用。对于成长阶段的男孩来说，如果他缺乏自信心，常常表现胆怯、遇事畏缩不前、害怕困难、不敢尝试，他的认知能力、动手能力、交往能力及运动能力等发展就缓慢；相反，男孩具有自信心，胆子大，什么事都敢尝试，积极参与，各方面发展就快。

男孩进入青春期后，生活、学习环境的改变，竞争压力的加大，很容易挫伤男孩学习、交际的积极性，让他失去信心。同时，来自家庭的因素，如男孩从小到大，衣来伸手、饭来张口，久而久之，就什么也不会干。男孩不从小学习动手做事，他的自信心也会越来越小，直至没有。

初中阶段，也是一个人个性、心理品质形成的重要时期，这时期的男孩是否自信，也影响到他未来人生路上是否能勇敢面对各种挑战，决定了将来他们是否能成为充满自信、有坚强毅力和足够勇气的男人。因此，自信这种心理品质应该从家庭起步，在青春期应该着重培养。言传不如身教，培养男孩的自信心，不是单纯的几句说辞，而需要父母从生活中的点点滴滴入手。

1. 发现男孩身上的闪光点

教育要严格，并不是说要将男孩批评得一无是处。为此，我们最好从多方面、多层次了解和评价，不能只盯住他的缺点。

对于很多家长来说，似乎"孩子总是别人的好"，别人的儿子听话、懂事，自己的儿子总是"恨铁不成钢"，而对于自己儿子的长处和优点却视而不见，充耳不闻。人们常常可以听到男孩的强烈抗议声："我什么优点都没有吗？""为什么老批评我？"应该承认，你的儿子也有优点，只是你没有注意，儿子为什么总是考不好，不是儿子不认真学习，而是你一味地贬低他，让他失去了信心，如果你开始发现他的优点并加以赞赏，想必你的儿子一定会信心大增。

2. 让男孩从成功的喜悦中获得自信心

只要尝过成功的滋味，伴随而来的就是无比的喜悦以及对自己的坚定信心。所以先让男孩尝尝成功的喜悦，就是使男孩建立信心最简易的方法。当他做成一件事后，你首先应该夸奖他，告诉他："你做得真棒！"适当的时候，你可以采取一些物质奖励的方式。而当男孩缺乏自信时，你可以告诉他："勇敢一点，爸妈为你骄傲！"当男孩体验到成功的美好后，也就不会畏首畏尾，而是大胆地去争取了。

3. 不对男孩用"否定词、限制词、挑剔词"

有的父母认为"棍棒之下出人才"。而事实上，那些很少受到父母表扬、总是被父母批评的男孩很容易对自己失去自信心，对自己力所能及的事都会产生退缩心理，从而慢慢地失去主动性，形成对任何事都漠不关心的态度。

作为父母，生活中，我们总是用否定词、限制词或者挑剔词来跟男孩说话。例如，"不许""不能""不要""不可以"这些是否定词，"应该""只能""必须"等是限制词，最常用的"太差劲""太不像话了"是挑剔词。

试想，否定词、限制词、挑剔词等不良的教育语言，等于给家庭语言亮起"红灯"，会使男孩觉得很累、很烦、很郁闷，使他们整天接受父母的负面暗示，最终也会变得自卑起来。

事实上，男孩天生是自信的，但一些男孩接受的后天教育中，他们很少成功，经常被父母批评等，以至于开始变得胆小、自卑、消极，这对于男孩的成长是极为不利的。因此，为人父母，我们有必要关注男孩在成长过程中的情绪变化，一定要避免让男孩产生自卑情绪。

总之，作为父母，我们要明白的是，一定要让男孩始终拥有积极正面的能量，应该赞扬和鼓励他，让男孩远离自卑，树立自信心，他才能快乐、健康成长。

吃苦耐劳——爱他也要对他狠一点

家长的烦恼

香港特别行政区原首席行政长官董建华是世界船王董浩云的儿子。在香港，董浩云是首屈一指的大富豪，但在子女的教育上，他却一直很严格，从不娇惯孩子。

正因为父亲严格的教育，董建华从很小就很节俭。读书期间，他每天都会乘坐公交车往返于家和学校之间，从不会因为自己是富豪的儿子而觉得高人一等。

毕业以后，所有人都以为他会接手父亲的生意，但他却接受了父亲的安排，进入美国通用汽车公司做了一个普通的职员。

父亲告诉董建华："小华，我不怀疑你是个有理想的人，但我担心你的刻苦精神不够，你不要想到自己有依靠，你必须自己主动去找苦吃，磨炼自己的意志，接受生活对你的种种挑战，并战胜它。"

董建华听从了父亲的话，在通用的 4 年，他认认真真、勤勤恳恳，不仅了解了先进的管理经验，还学会了怎么与人打交道，也培养了吃苦耐劳的精神，为今后的事业打下了坚实的基础。

现实生活中，一些男孩不愿吃苦，是和他们的生活环境与家庭教育有关系的。作为父母，要想让男孩从吃苦耐劳的过程中有所收获，就应该将这一教育融入到日常生活中。

吃苦耐劳是中华民族的传统美德，但如今物质生活水平提高，人们的经济条件改善，还要不要发扬这种美德？生活实践表明，这种美德在今天仍然需要发扬光大。没有一点吃苦的精神，干不成任何事情。不仅成年人需要这种精神，青春期的男孩更需要。人生道路是曲折的，每实现一个目标，都需要努力奋斗，要奋斗就需要有一种勇于吃苦的精神。

自古至今，男孩无疑都担当着社会责任、家庭责任，随着社会的发展，他们身上的压力也越来越大。看古今历史，我们不难发现，不经历成长的艰辛、蜜罐里长大的男孩弱点多，如自私、虚荣、嫉妒、盲目、软弱等，这样一些缺点让男孩在面对社会的残酷竞争、理想与现实、诱惑与机遇时，很容易就一个不小心，失掉了平衡。

要培养青春期男孩吃苦耐劳的个性，父母需要从以下几个方面努力。

1. 从转变观念入手，培养男孩吃苦耐劳的品格

从人的成长规律看，青春期是人生的基础阶段，能在青春期有一些吃苦的经历，将会对人生产生积极作用。因为任何人的一生，都不可能事事顺心，总会遇到一些这样那样的挫折，现阶段吃点苦，有助于磨炼男孩的

意志、增强男孩的生存本领，因而可以说，吃吃苦，是为了让男孩的未来人生之路走得更平稳，是为了让他即使处于风雨之中也能勇敢地前进！

事实上，溺爱是男孩成长的毒药。现实生活中，很多父母对于男孩的教育方式，是培养"小皇帝"而不是"男子汉"。每个父母都爱自己的儿子，可是爱儿子有其一定的方法和限度，爱儿子绝对不能变成溺爱儿子。一个从小被当成"小皇帝"教育的男孩不可能有什么出息，也不可能成为一个男子汉，更别说独立担当起一个男人的责任。真正的男子汉，是经历了风风雨雨，能摔倒了自己爬起来、失败了重新再来的人。

因此，我们必须转变观念，必须认识到吃苦耐劳对于青春期男孩的重要性。只有这样，才能真正把这一教育融入到日常生活中。

2. 男孩自己的事，家长不要包办

青春期的男孩应该学会自理，自理是独立的第一步。然而，有的父母为了绝对安全，不让儿子走出家门，也不让他和同龄人走在一起，生怕有什么危险。到了一定的年龄还接送其上学，甚至是父母或老人时刻不离开一步，搂抱着睡，偎依着坐，驮在背上走。这样的男孩会变得胆小无能，形成严重性格缺陷，丧失自信，欺软怕硬，在家里横行霸道，到外面胆小如鼠。

真正爱男孩，是要让他独立，接受一定苦难的洗礼，才能独当一面，成为一个真正的男子汉，要做到这一点，我们首先要改变的，就是戒除替男孩包办一切的坏习惯，让男孩自己动手，学会独立。

3. 家长不妨给男孩点"苦"吃

父母爱孩子，要爱在心里，而不是表现在物质生活上，爱孩子，该狠还是要狠一点。要舍得让孩子吃一点苦头，也不要对孩子的要求全部给予满足。一味地溺爱，以孩子为中心，是不利于孩子的身心健康的，对他们的成长不利。因为溺爱孩子导致的悲剧，始终让人触目惊心。

当然，让男孩吃苦并不是让他"受虐"，不需要让男孩刻意受苦，因为吃苦是一种心理承受力。人在艰苦的环境中，战胜的不是环境，而是自己。"逼"男孩去吃苦，他的忍耐力就会降到最低点，不仅不能磨炼他的意志，还会让男孩产生受挫意识。

专注力——引导三心二意的男孩学会专注

家长的烦恼

小波是某中学的理科状元，中考后，市里的记者来采访他。

在校办公室，班主任严老师很开心，她说："小波能够取得这样的好成绩与他的踏实认真有很大的关系。"

严老师说，小波是个非常明事理的孩子。在他人眼里，小波的爱好很少，因为他专注于学习，所以能够取得好成绩。此外，在生活上小波也非常自立，而且非常懂得关心周围的人。

"好学生也会有问题，如小波喜欢看书，他的思想有时候显得要比其他孩子成熟，所以，有时候与人相处时他会表现得居高临下，我注意到这个细节，曾经找他谈心，后来，小波成了班里很多同学的好伙伴。"严老师说。

后来，小波的父母也被请到了校办公室，"小波好静，他很专注于做一件事，这次他考出好成绩，我为他高兴。" 小波的妈妈说。

这里，我们看出，小波之所以能取得好成绩，其中一个重要的原因就是专注。托马斯·爱迪生曾说过："成功中天分所占的比例不过只有1%，剩下的99%都是勤奋和汗水。"对于青春期的男孩来说，在未来社会，他们只有专心致志于一行一业，不腻烦、不焦躁，埋头苦干，不屈服于任何困难，坚持不懈才能造就优秀的人格，而专注的这种品格必须从小培养，从日常的生活和学习中培养。

作为男孩的父母，我们也应该深知，专注是一种良好的助人成功的品质，从现在开始培养男孩的这种品质，他才能在人生路上收获成功。

对于学习阶段的男孩来说，他们最主要的任务是学习，而学习并不是一件轻松的事，浮躁心态是学习的大敌，是学习失败者的亲密朋友。因此，在学习上，要想提高他们的成绩，父母就必须训练他们专注的学习习惯。具体来说，我们可以这样做：

1. 为男孩树立一个行为榜样

例如，我国历史上最杰出的书法家之一王羲之就是个学习专注的人。

王羲之小的时候，练字十分刻苦。据说他练字用坏的毛笔，堆在一起成了一座小山，人们叫它"笔山"。他家的旁边有一个小水池，他常在这水池里洗毛笔、冲砚台，后来小水池里的水都变黑了，被人们叫作"墨池"。

长大以后，王羲之的字写得相当好了，但他还是坚持每天练习。有一天，他聚精会神地在书房练字，连吃饭都忘了。丫鬟送来他最爱吃的蒜泥和馍馍，催着他吃。他好像没有听见一样，还是埋头写字。丫鬟没办法，就去告诉王羲之的夫人。夫人和丫鬟来到书房的时候，看见王羲之正拿着一个蘸满墨汁的馍馍往嘴里送，弄得满嘴乌黑，她们忍不住笑出了声。原来，王羲之边吃边看着字，错把墨汁当成蒜泥蘸了。

夫人心疼地对王羲之说："你要保重身体呀！字写得已经不错了，为了苦练把身体弄坏就不值得了。"

王羲之抬起头，回答说："我的字说是不错，但那都是学习前人的写法。我要有自己的写法，自成一家，不苦练是不会成功的。"

经过艰苦摸索，王羲之写出了一种妍美流利的新字体。大家称赞他写的字像彩云那样轻松自如，像飞龙那样雄健有力。

王羲之是个做事专注的人，他的故事告诉我们，学习是一件容不得半点马虎的事，要想学有所成，就必须做到专注。

2. 协助男孩学会拟订做事计划

你可以告诉他，无论是学习还是其他事情，都不要把注意力过分放在整件事情上，而应该先拟订一个切实可行的计划，并努力做好第一步，而后再努力做好第二步、第三步……如此各个击破，最终达到自己的目标。

3. 告诉男孩不要同时做两件或两件以上的事

可能你也发现，你的儿子无论是不是在学习，都把电视开着，或者边玩游戏边学习。试想，这样怎么能聚精会神呢？这样自然不能集中精力去学习，久而久之，男孩便养成了一心二用的坏习惯。

为此，你必须帮他克服这一缺点，做习题时就专心做习题，玩游戏时就痛快玩游戏。经过一段时间，你会发现，他无论做什么事都专注多了，而最重要的是，效率也提高了很多。

总之，专注、认真是任何人要做好一件事情的前提，如果对什么事情都敷衍了事，草草出兵，草草收兵，必然做不好。然而要养成专注于学习的习惯，还需要身为父母的我们帮助男孩在平日里培养。

第9章

价值观引导：培养勇于担当、有责任心的男子汉

在中国的传统观念中，成绩是孩子的全部。不少父母认为，儿子考重点上大学，将来才会有出息。我们也常常这样教育青春期的男孩，希望男孩能抓紧青春期的时间努力学习，但实际上，比分数更重要的是价值观，任何一个男孩，只有做到正直、善良、有担当、有理想，才能成为一个真正的男子汉，而这些，都需要我们对男孩进行价值观引导。因为青春期正处在人生的岔路口，男孩最终会长成什么样的人，都是父母引导的结果。

"这跟我没关系"——敢于担当才是真正的男子汉

家长的烦恼

一天，某户人家的门铃响了，开门的是男主人公汤姆。

汤姆发现，一个十来岁的小男孩站在门口，并且，他开始自我介绍："你好，先生，我的名字叫亨利。"然后，他指着斜对面那栋漂亮的房子，告诉汤姆那是他家。然后他问："我可以帮你剪草坪吗？"汤姆打量了一下这个小男孩，发现他身材瘦小，他再看看自己家的大草坪，不过，既然是他主动要求做，就点点头说："好啊！"

随后，小男孩很高兴地推来剪草机，开始工作。他把笨重的机器推来推去，剪得相当整齐。

等他剪完所有的草后，按照事先说定的，汤姆给了他 10 美元的报酬，但汤姆很好奇的是这小男孩为什么要挣钱。对此，小男孩说："上个星期我过生日，爸爸送我半辆自行车，我要赚另一半的钱。如果下个星期再让我给你剪草坪，我就可以去买了。"

从那以后，汤姆家剪草坪的工作就给小男孩承包了。慢慢地，附近几家的草坪也都包给他去做……

的确，责任心对于一个男人来说，至关重要。男人最重要的品质就是责任感。事业有成者，无论做什么，都力求尽心尽责，丝毫不会放松；成功者无论做什么职业，都不会轻率疏忽。这就是一份责任，作为父母，我们必须在男孩还在青春期时就培养他的这一人生观，因为青春期是男孩人格和品质的形成时期。

然而，生活水平一代比一代好，见识也是一代比一代广，从智商来说也是一代比一代更高，男孩从长辈那里获取的关爱也是越来越多，如今四个老人、一对父母疼爱一个孩子的现象已是不争的事实，可这种家庭环境下教育出来的男孩，却好逸恶劳、凡事漠然。试想，这样的男孩又怎能积极主动地做其他事情？因此，父母不仅要让儿子学习好、身体好，更重要的是要从小让他具有承担责任的良好素质，长大后才能承担起对家庭、对社会的责任。

作为父母，我们可以从以下几个方面培养男孩的责任心。

1. 培养男孩的自理能力和劳动能力

通过劳动，可以培养孩子的责任感。其实，好逸恶劳不是男孩的天性，而是家庭教育的结果。一般来说，家庭教育中就忽视了劳动教育，甚至轻视劳动的价值，不少家长只是认为儿子上学就是学习知识，就是为了上大学，从而脱离劳动。我们都知道，一些男孩原本想跟在父母后面劳动，可往往不是得到表扬，而是受到指责，埋怨碍事，埋怨添乱。其实，能够做点什么就是体现人的价值，人都是要从自己所做的事情当中体现出自己存在的必要和价值，培养孩子的责任感，进行劳动教育，也正是从这一点入手。

其实，青春期的男孩已经有一定的行为能力了，作为父母，我们不要事事替男孩包办，可以让他自理，学会自己收拾房间，自己叠被子，整理、修补自己的玩具、图书，帮助摆放全家用的餐具，饭后扫地、倒垃圾，打扫楼道等。不论是什么任务，父母都应该用男孩能理解的方式给他讲明，使他意识到自己有责任将它做好。

2. 教导男孩从生活中的小事做起，帮助周围的人

生活中，我们身边的人都会遇到一些难以解决的困难、问题，此时，我们要教导男孩帮助他人，只有这样，他才会认识到身为一个社会人的责任。

3. 告诉男孩责任不是挂在嘴边的

对男孩责任心的培养，最终目的还是让男孩学会担当。"担当"的意思是：接受并负起责任，意在强调行动的重要性。

曾经有篇报道，叙述了一个16岁的农村少年以优异的成绩考取了师范学校，面对瘫痪在床无人照顾的父亲，无奈之下卖掉了全部家产，背着父亲走进校门，开始了漫长而艰辛的求学之路。

一个"背"字，不仅体现了父子之情，也体现了孩子对家庭的责任，这个少年就是"担"起了家庭的责任。

责任不需要整天挂在嘴边，这是一种意识，我们要让男孩明白，在遇到事情的时候必须承担后果。男孩从小学会"担当"，长大了自然就会有责任心。

4. 教导男孩做事有始有终，自己造成的苦果自己负责

男孩与女孩不一样，他们不会"安分守己"，好奇心强，什么都想去摸摸，去试试，但是随意性也很强，经常做事虎头蛇尾或有头无尾。所以我们要告诫男孩学会督促自己，做事要有始有终，以便培养自己持之以恒、认真负责的好习惯。

总之，培养男孩的责任心，是一个循序渐进的过程，父母必须对男孩放手，给予男孩相应的信任，这样男孩的责任心才会随着年龄的增长循序渐进地培养起来。

"读书到底是为了谁" —— 引导男孩明确学习动机

这是一个初中男孩的日记："我出生在一个十分幸福的家庭，爸爸妈妈十分疼爱我，但是我不快乐。从小就是妈妈管我学习，爸爸在外面挣钱。每次我除了做完老师布置的习题，还要完成妈妈布置的额外任务。记得有一次，妈妈对我说做完 20 道题就可以出去玩儿，然后她就去做饭了，为了投机取巧，我把前后几道应用题做完就说自己做完了，我想，妈妈是不会发现的，然后我就出去玩了，天黑的时候我才依依不舍地回家。

"一到家，我就觉得什么地方不对，只见妈妈沉着脸叫我进屋，问我：'题都做完了吗？'我心虚地说：'做完了。'妈妈生气了，问：'真的吗？'我不敢说话，闷闷地站着。妈妈更生气了，说：'你为什么要撒谎？你以为你学习是为了谁？'我还是不说话。只见妈妈一下子冲到桌子面前，呼啦一下把我桌子上的笔、本子和书全都扫到地上，然后气呼呼地转身走了。

"我吓坏了，妈妈尽管对我比较严厉，但是从来没有发过这么大的火，就算是她打了我，我也没有这么害怕过，因为每次妈妈打完我还是要过来哄哄我的。我一个人呆呆地站在那里，不敢动也不敢说话，心想：要是以后妈妈再也不管我学习了可怎么办？屋子里渐渐暗下来，妈妈没有来，也没有别人来叫我去吃饭。

"就这样不知道过了多久，我收拾好散落一地的书、本子和笔，鼓足勇气走到妈妈面前，对妈妈说：'妈妈，我错了，我不该骗您，以后我不这样了。'妈妈当然马上就原谅了我。

"虽然那次妈妈没有打我，但是真的把我吓坏了，而且从那以后，我再也没有骗过妈妈。但是，学习究竟是为了谁呢？"

作为家长，看完这个故事，是否有所感触？相信你的儿子也可能会像案例中的男孩一样，以为学习、努力学习是为了父母的面子、老师的名声。不得不说，如果男孩这样认为，那么，他肯定会觉得读书、学习是一种负担，没有了学习动力，又怎么能学得好呢？

不得不说，很多男孩都对自己的人生感到迷茫，不明白自己为谁读书，为谁学习，更多的则认为是为父母学习，为了给父母争面子。而这种学习态度直接导致了他们对待学习和生活冷漠，没有热情，对什么都没有兴趣，觉得整个世界都是没有意义的，整个精神状态看起来都无精打采，对什么都不在乎。

作为父母，如果你的儿子也是这样的状态，那么就有必要对其进行引导，以帮助儿子梳理正确的心态。以下是几点建议。

1. 引导男孩思考：努力学习到底是为了谁

哈佛大学前任校长劳伦斯·H萨默斯曾经在课堂上建议每一个哈佛学生每天都问自己一个问题："我为什么要学习？"

表面上看，这是一个很简单的问题，实则非常重要，因为一个人，只有具备良好的学习动机，才有强烈的学习欲望。相反，如果一个人没有良好的学习动机，不明白做事的目的，就很难产生强大的内驱力。

确实，如果男孩们不明白自己学习的动机，不明白读书的目的，就会把学习当成负担，把读书当成任务。

所以，父母也可以这样向男孩提问，努力学习到底是为了谁？你还可以继续追问：

"有时候，父母是会逼你学习，会剥夺你玩耍的时间，会让你觉得不近人情，但你是否真的知道自己是为了谁而读书呢？"

"其实，你要明白，读书是为了自己。年幼的时候，可能你不懂得为什么父母要你好好读书，但随着年龄的增长和学长们的经验教训，你就能感受到读书的重要性。知识改变命运，没有知识的人在未来社会只会被淘汰，读书是为了获取知识，为了让自己未来的人生路走得更平坦。"

当男孩明白自己为什么读书、为谁读书，考虑清楚这个问题，相信他也能找到努力学习的动力！

2. 以父母过来人的经验告诉男孩努力学习的重要性

我们可以以自己曾经读书的经历来引发男孩思考这个问题，如读书时的辛苦和学成后的喜悦或者因知识存储不够给现在生活带来的不便等，从而让男孩明白，在这样一个竞争十分激烈的社会中，每个人都在用知识为自己的未来打拼，没有知识，就等于没有生存的本领。寒窗苦读的过程的确很辛苦，这是一个人立于世的必经过程。

总之，我们只有让青春期的男孩明白读书是为了他自己，只有帮助他摆正这一心态，才能激发他的学习动力，这样即使他在学习的过程中遇到了很大的压力，他也可以选择适当的方式发泄一下，进而调整自己的状态继续努力！

抄出来的好成绩——儿子作弊，父母应该如何教育

家长的烦恼

小平是个学习态度较好的男孩，但有时候也会犯糊涂。

有一天，当同学们来喊他出去玩的时候，他却躲在家里抄课文，同学们问他怎么了，他说这是在惩罚自己，让自己记住教训。好不容易，他被同学们劝出去了，可还没一会儿又回来了。他主动对爸爸说："昨天下课的时候，老师让我们回家默写第一课的第五自然段，我想：默写多麻烦啊！老师又看不到，抄吧！说抄就抄，哈！太高兴了，不一会儿，我就抄完了，等着吃饭，然后我就出去玩了。我昨天还打了一个多小时的球呢。可是今天早上，老师不但检查作业，而且还要背诵课文。这下完了。当背课文时，我就像霜打的茄子一样，垂下了头。当时，我特别后悔。这下子，我明白了：不仅是学习，无论做什么事，都不要耍小聪明，投机取巧，要不然自己会吃亏。"

"你能明白就好，青春期学习的任何知识，都将受用一辈子，马虎不得，更别说耍小聪明了。"爸爸语重心长地说。

"我知道了，下次再也不会了。"

和案例中的小平一样，很多青春期男孩都会犯这样的错，在学习上吃了心浮气躁的亏。

青春期是一个比较追求速度和完美的年龄，但在真正做时却把完美给忘记了，只剩下速度。于是连走路都像飞一样，还没踩实，另一只脚就抬

了起来。一次可以，两次可以，多次就难免会摔跟头。唯有脚踏实地地走，才永远不会摔倒。"飞"一样的人一次两次三次的摔倒后，就会发现"脚踏实地"的人已经比自己快了，走到自己前面了。

课堂上，老师也教育男孩："学过的知识好比一个脚印，想记牢就再踏上一只脚，踩实了。"其实意思十分简单，要脚踏实地地学习，不可以耍小聪明。说一句脚踏实地的话很简单，但做起来却很难。在开始时，有多少男孩信誓旦旦地承诺自己要脚踏实地地走好每一步，可真正走起来，就忘了承诺。有更多的人羡慕别人的速度，其实光有速度不行，要有成果才行。学习与走路是一样的，人生之路是自己走的，要一步一个脚印地走。自己的路自己走，踩实了踩轻了都是自己的，有时一步可以让你悔恨终生。

面对作弊这个问题，相信不少父母会发现，男孩会振振有词地回答："不抄白不抄，别人都抄出了好成绩，我不抄不是亏了？""考不出好成绩，您能给我买新书包吗？"面对男孩这样的态度，很多父母感叹，我该怎么教育呢？

1. 培养男孩诚实的品质，让男孩认识到考试作弊是一种自欺欺人的不良行为

男孩这一品质需要父母在他很小的时候就有意识地培养，这样，男孩就会形成一种意识：考试作弊是一种自欺欺人的不良行为，即便偶尔瞒过了老师，但天长日久，迟早会露出马脚，最终会害了自己。

当然，生活中，我们要以身作则，做人诚实守信、不撒谎、不欺骗，做好男孩的榜样。

2. 教育男孩正确看待分数

现代社会，几乎都是一个家庭一个孩子，因此，只要男孩好好学习，要什么给什么，对男孩的照顾更是无微不至，尤其是那些懂事的男孩，很想考到好成绩来报答父母。但父母一定要让男孩明白：学生在意分数理所

当然，毕竟这是学习效果的一个重要体现，但却不是唯一的体现。如果考试成绩较好，自然值得高兴，但如果平时没学好，也绝不能作弊。

3. 给男孩适中的奖励

把成绩和奖励挂钩，有时确实能激发男孩好好学习的动力，但这一奖励绝对不能过度，因为过分地以物质、金钱来刺激孩子，难免会将男孩的学习目的引入误区，使男孩为了物质奖励而学习。一旦成绩上不去，就会想到作弊。因为诱人的物质奖励是男孩难以抗拒的。

4. 告诫男孩在平时做好积累和复习

有句话说："平时不努力，临时抱佛脚，"很多男孩一面对考试就紧张兮兮，担心考不好，临考前仍然"开夜车""搞题海战术"等，如此不但可能会使大脑负荷过重，还可能会使男孩"急中生智"，产生抄袭的念头。

为此，我们一定要告诉男孩，考试一定要诚实，只要做好积累和复习，拿到好成绩不难。

男孩做好积累，才能在考前心安理得地合理安排学习和休息，不对自己求全责备。这样，既会学习，又会享受娱乐，有张有弛，对保持身心的平衡是很有好处的。

而复习是考前准备的重要部分，也属于平时积累不可小觑的环节。考前复习，可以根据考试大纲的要求进行全面细致的复习，不要过多地抠偏题、难题。要注意知识之间的联系，避免孤立地强记硬背。复习充分全面，就会增强自信，减轻焦虑心理。

总之，我们要告诉男孩，青春期只有一次，人生不可以重来，学习的机会也只有一次。有人大喊"论成败，人生豪迈，大不了重头再来"，可是真的可以重头再来吗？世界上没有后悔药，重头再来也会浪费时间。何不从一开始就选择脚踏实地利用好时间学习呢？

"偷点东西怎么了"——告诉男孩天下没有不劳而获的东西

家长的烦恼

孙先生有一段时间很头疼，因为儿子小志几次的偷盗行为终于惊动了公安局。这天，孙先生不得不和班主任老师一起来到公安局。

孙先生家境不错，儿子为什么还会偷盗呢？事情是这样的：

有一次，小志到好朋友方伟家去玩，发现方伟家有一架很逼真的玩具望远镜。小志想知道这架望远镜究竟能看多远，就向方伟请求借来玩玩，没想到方伟很小气，不答应。小志很生气，就想故意偷走这架望远镜，好让方伟着着急。果然，找不到望远镜的方伟像热锅上的蚂蚁，小志这下子得意了。

从那次之后，小志就产生了一种很奇怪的心理，他觉得别人拥有的东西，只要稍稍想点办法就能得到，这样的感觉很好。

孙先生听到儿子的阐述后，给了儿子一巴掌，谁知道儿子哭着反驳道："偷点东西怎么了？"听到儿子这样反问自己，孙先生愣住了，他想，一直以来，可能是自己只顾着让儿子努力学习，而忽视了对他的道德教育。

像案例中小志这样的青少年并不多，却很有代表性。我们都知道，现代社会，很多男孩都是独生子，生活条件优越、长辈宠爱，都是以自我为中心，很少会为别人考虑，他们的各种要求也总是会被父母满足，久而久之，对于他人拥有而自己无法拥有的东西，他们便会产生强占的想法，而这就是为什么很多青少年偷盗行为逐渐增多。因此，父母一定要让儿子明白尊重别人所有权的重要性，天下没有不劳而获的东西，千万别成为一个自私自利的人。

另外，我们在对男孩进行此方面的教育时，同样要注意方式方法，不能一味地训斥和责备他，这样做只会伤害他的自尊心，甚至激发出他的对抗或报复心理，让他的偷盗行为愈演愈烈，或者是失去自信心。正确的教育方法是针对事情，而非人的本身。明智的教育既能使男孩改正自己的不良行为，又能使其树立正确的道德观，保持良好的心态，增加对别人的关切之情。具体来说，我们可以从以下几个方面努力。

1. 平时就要引导男孩认识到道德品质对于一个人的重要性

这一教育活动，必须在男孩很小的时候就进行，而不是在男孩成年后才进行。我们要让男孩明白，我们都是社会的一分子，都应约束自己的行为，不给他人造成伤害。唯有如此，我们每个社会成员才可以享受平等、幸福的生活。当然，父母必须以身作则，在生活中就要行得正、坐得端，绝不能有小偷小摸的行为，否则男孩只会有样学样。

2. 男孩有偷盗行为后，我们要冷静面对，找到最佳沟通方法

例如，如果发现男孩拿了别人的东西或者将其他人的东西带回家，我们要冷静下来，不可打骂男孩，也不要用"偷"这样的字眼，因为这会给男孩的心灵造成阴影，要问清楚男孩为什么将别人的或者公共的东西带回家。

实际上，很多青春期的男孩，他们偷窃，并没有明显的目的，有时纯粹是为了给别人造成困难而获得快感。如盗窃经济价值不大的物品，有的只是把窃得的东西扔掉、损毁或随便送人，有时是为了占有，有时是好奇心驱使他们这样做，这些行为让很多父母很是头疼。但总的来说，青春期

的男孩有这种行为，是因为他们并不清楚这种行为的卑劣之处，因此，家长要注意在这个方面进行正确的引导和教育。

接下来，我们要告诉他，偷盗行为是不道德的，孩子需要什么，应该告诉爸爸妈妈，只要是合理的要求，爸爸妈妈都会满足，这样孩子以后肯定不会再犯类似的错误了。

3. 合理地控制男孩的零花钱

定期给孩子一定数量的零花钱，数量不必太多，满足孩子日常的基本需要即可，而且不能无原则地给，要让孩子完成一定的任务才能给，这样孩子也可以体会到钱来之不易，会比较珍惜，不会乱花钱。

4. 引导男孩认识到偷东西这一行为是错误的

男孩偷了别人的东西，要让他还回去，并且让他知道别人的东西不能随便拿，要承认自己的错误，向别人道歉。让男孩在成长过程中学会担当，会有效地杜绝男孩以后犯类似的错误。

5. 引导男孩学会关心他人，尊重别人的所有权

我们可以告诉男孩，自己喜欢的、引以为豪的东西，可以请朋友参观，可以借给朋友玩，快乐就应该分享；而对于别人的东西，你不能据为己有，这些行为是错的、丑的，绝对不能这样做。要让男孩学会控制自己的行动，并懂得为什么要这样做。

如果你渴望得到某种东西，可以向朋友借，但你需要记住，好借好还再借不难，使用后如期如数归还，并道谢；当然，有些东西也可以通过购买获得，但无论何种方式，都必须是正当的。

总之，对于青春期男孩的偷盗行为，父母不要给予强硬的管理，要让男孩明白自己的东西就是自己的，不是自己的东西就没有所有权，并对其进行道德规范教育，男孩是能逐渐改正这一坏习惯的。

男孩开始"学坏"怎么办——引导男孩成为一个正直坦荡的君子

家长的烦恼

陈心是个很懂事、很善良、很正直的男孩，而他善良的性格是从很小的时候爸爸就开始教育的。爸爸常常给陈心讲故事、讲历史。陈心至今仍保存着两块珍爱的徽章，一块上面写着博爱，一块上面写着天下为公，他常常将它们别在胸前，那是小时候爸爸送给他的，爸爸希望他长大成为一个爱自己的国家、爱自己的民族、有社会责任感的人。他告诉陈心，人不能光为自己活着，要像孙中山先生等志士仁人一样，以天下为己任。

上中学后的陈心，在学校里是出了名的正直，只要看见高年级同学欺负那些低年级同学，他都会主动站出来。在家里，爸爸要是骂妈妈，他也会替妈妈说话。他记得最清楚的一件事是，有一天晚上，他从老师那儿补课回来，看到有几个小混混在后巷打人，虽然很害怕，但他还是勇敢地报了警，当警察把这些小混混抓起来后，他觉得很光荣。因为这件事，陈心还被校长表扬了。自打这件事后，陈心决定，以后一定要做个正直的人，要敢于指出一些不公义的事。

的确，正直、善良、忠诚的人是高贵的；丢弃了这一品格的人是低下的。有做人品格，这是比金钱、权势更有价值的东西，也是成功的最可靠资本。

自古以来，中国人就大致把生活中的人分为两类，一类是君子，一类是小人，并常常用"君子坦荡荡，小人长戚戚"来形容二者最为明显的区别。

那到底什么是君子、什么是小人呢？关于他们的划分标准有很多，其中，是否正直、坦荡则是最重要的标准之一。当一个正直坦荡、让人尊敬加礼的君子，便成为做人的最高奖赏。

相信任何父母都希望自己的儿子能成为一个人人敬佩的君子，但我们也听到一些家长反映：儿子进入青春期后，好像学坏了。尤其是在接触一些社会青年后，开始怀疑家长的教育观念，该怎么办呢？对此，父母一定要进行引导，青春期正是男孩个性与品质的形成期，男孩学坏，如果我们听之任之，那么，很可能会让男孩因为疏于管教而误入歧途，让其后悔终生。

引导青春期的男孩成为一个正直坦荡的君子，家长要做到以下两点。

1. 让男孩树立正确的是非观念

可能有一些男孩会产生疑问，我才十几岁，现在的主要任务是学习，其他事应该充耳不闻。其实不然，我们每个人都应该在心里树立一杆秤，对于是非黑白，一定要有辨别能力，这是任何一个社会人都应该有的责任心，男孩也不例外。

因此，尽管现阶段的男孩还是个孩子，但也应该学会辨别是非。我们要告诉男孩，当你发现有人违背原则，应及时制止，把责任心传递给周围的人。

2. 从培养好习惯开始帮助男孩积累正确的做事原则

可能有些男孩会说，随着年纪的成长、经历的增多，谁能真正做到不染世俗、一身正气？对此，我们要告诉男孩，这二者并不冲突。我们要从现在开始就养成良好的行为习惯，如守纪、守信、守法，坚决不骂人、打人、偷东西、毁坏公物、随地大小便、乱扔垃圾、在墙壁上乱画乱抹、霸道、自私等，不要小看这些习惯，日积月累，当男孩长大后，就会形成自己的一套做事原则，即使他们饱经世事，但也不会因此变得圆滑、世俗，而是依旧秉持着正直坦荡的做人原则。

总之，男孩在少年时就一定要赶快积累知识和财富，但同样也要注重德行的修养。父母要着力培养男孩明辨是非的能力，一个能明辨是非的男孩就绝不会是一个自私、狭隘的人，这样的男孩才不会活在自己的小世界里，才会立志对国家和社会做贡献，长大后才会有出息。总之，这种品质的获得将会对男孩的一生都大有益处！

冷漠、自私——引导男孩树立正确的道德观

家长的烦恼

沫沫刚上初中，周末一大早，妈妈就和沫沫一起出门跑步，在过小区外面马路的时候，沫沫和妈妈看见一个老爷爷颤颤巍巍地拄着拐杖，也好像要过马路的样子。妈妈说："沫沫，你去扶一下老爷爷吧。"

"我才不去呢，你看他那么脏。再者，马路上这么多人，会有人帮忙的……"沫沫很不情愿地说着。

"你这孩子，怎么会有这种想法呢？助人为乐是中华民族的传统美德，而且帮助一个年迈的老爷爷更是理所应当，这也关系到一个人的道德问题。"沫沫被妈妈说了一通后，有点不好意思了，赶紧跑过去把老爷爷扶过了马路。

过了一会儿，妈妈又对沫沫说："沫沫，看来妈妈平时只顾着关心你

的学习而忽视对你思想品质上的教育了……"

古人云："听其言，观其行。"就是说，通过一个人的言行，可以对他的思想道德和价值取向做出基本的评价与判别。我们的一言一行在某种程度上体现了自身的文化素养和道德准则。然而，我们却发现，一些男孩到了十几岁以后，本应该变得懂事，但实际上却变得自私、冷漠。就和案例中的沫沫一样，面对过马路的老爷爷，他居然漠不关心。青春期是一个人的世界观、人生观形成的关键时期，也是个性品质形成的重要时期，待人热忱的男孩才是可爱的男孩，才是受人欢迎的男孩。

与自私、冷漠相对应的是爱心。何谓爱心？爱心，是热情开朗的性格和对人、对物、对事的一贯关心的态度。爱心，就是能觉察体验别人的心情，能站在别人的位置与角度，感受别人的欢乐、痛苦、烦恼、失望之心。

有爱心是一种美好的品质。因此，作为父母，要维护男孩纯洁的爱心、善心、良心，那是使一个人任何时候面对任何人都能堂堂正正的根本，也是让男孩永远纯正的坐标。

为此，我们可以从以下几个方面引导男孩。

1. 让男孩学着去热爱生活

一个热爱生活的男孩才会真正的快乐，才会有高尚的品格。对此，作为父母，我们要放开手脚，让男孩自己寻找生活的乐趣，做他自己想做的事情，尽情享受人生的一切，并让男孩在与父母的交往中获得快乐。

2. 让男孩学会关心他人

小星是个很懂事的男孩，左邻右舍都很喜欢他。爸妈经常教育小星要有家教，要有爱心。妈妈经常对其他阿姨夸小星："吃饭时他会主动为我们摆好碗筷，我们没有吃饭，他从不一个人先吃。桌子上摆了水果，他会主动选最好的给我们吃，从来不独吃。他事事都能够首先想到别人，我们有时候真是为他感动。"

这里，小星就是个懂得关心他人的男孩。我们教育男孩有爱心，就要教导男孩从关心周围的人开始。一个人，只有先学会关心自己最亲近的人，才可能真正去"博爱"，才可能爱其他人。因此，生活中，如果男孩的老师生病了，他的朋友遇到了一些困难，父母都要告诉男孩，千万不要袖手旁观，要给予对方实在的帮助并加以安慰。

再如，我们可以引导男孩主动帮助左邻右舍干些力所能及的事；或在家长生日时，暗示男孩来表达对父母的爱。而当男孩付出行动后，以微笑的表情、赞扬的语气及时地给予表扬，能使他产生一种关爱他人后的愉快的心理体验，并会产生不断进取的强烈愿望，以致逐步形成把关爱他人当作乐趣的相对稳定的健康心理。

3. 让男孩学会感恩他人

这天，妈妈和小雷在看电视，看到这样一则广告：

一个大眼睛的小男孩，吃力地端着一盆水，天真地对妈妈说：妈妈，洗脚！

看完后，小雷流泪了，他对妈妈说："妈妈，以后，我也要对你和爸爸好，像这个小男孩一样。"

听到儿子这么说，妈妈感到很欣慰。

故事中的小雷是个孝顺的孩子。然而，在家庭生活中，我们还可以看到这样的情景：吃过饭后，男孩扭头看电视或出去玩，父母却在忙碌着收拾碗筷；家里有好吃的，父母总是先让男孩品尝，男孩却很少请父母先吃；男孩一旦生病，父母便忙前忙后，百般关照，而父母身体不适，男孩却很少问候……很明显，这些男孩都是缺少感恩的心。

一个懂得感恩的男孩才是真正的有爱心、热忱，当然，培养男孩感恩的心，我们需要从日常生活中着手，如让男孩独立起来。要知道，处于青春期的男孩已经有了一定的行为能力，生活中的很多事他已经完全可以自己做了，如自己的衣服自己洗、自己的被子自己叠、自己收拾书包和房间等。另外，还可以让男孩帮父母做一些家务，如放学回家后，爸妈还没下班，男孩可以先煮好饭；周末，男孩也可以抽出半天时间帮爸妈进行大扫除……这虽然都是一些小事，但却是感恩的具体行动。

青春期是人的人格砥砺和品质形成时期，每一个这个阶段的男孩都要学会付出爱，父母也要着力培养男孩的爱心，并落实在平时的点滴行动中！只有这样，才能培养出男孩友爱、待人热忱的个性，他才能收获美好的未来。

第 10 章

人生观引导：培养乐观开朗、积极向上的男孩

生活中，像诚实、善良、仁爱和奉献这样的观念对于青春期的男孩而言是模糊而难以掌握的，特别是他们可能会从学校的同学、朋友以及媒体那里得到相互矛盾、抵触的信息。而此时，就需要我们对男孩的引导。当然，这并不只是靠说的，需要我们在日常生活中对男孩言传身教，并持之以恒，长此以往，你会培养出一个出色的男孩！

"帮助人让我很快乐"——灌溉和培养男孩心中善良的种子

家长的烦恼

13 岁的超超是一名初一的男孩，家庭经济富裕，他从没体会到生活的艰辛和困苦。一次，母亲在学校的号召下，把超超送到一个山区的家庭"体验生活"。那家有个小女孩，叫妮儿。

妮儿家的房子是用泥土和茅草建造的，屋里黑洞洞的，除了一张破旧的桌子，再没有一件像样的东西了；妮儿长得又瘦又小，个头比自己矮了一大截。为了挣学费，妮儿还要常常去砖窑帮忙挑砖坯，一天只能挣 1 元 2 角钱。

看到这些，超超的心里沉甸甸的。他掏出 50 元钱放在妮儿妈妈的手里，真诚地说："阿姨，以后我会帮助妮儿的。"

回来以后，超超像变了一个人。他不再吵着要妈妈买新玩具了，也不再挑食和吃零食了。整整一个暑假，他没有吃一根冰棍，用省下来的 300 元钱买了文具、衣服，寄给妮儿。

这个男孩就是个满怀爱心的人，能够随时发现别人的困难，并且能把帮助别人解决困难当作自己的责任。能够在生活中遇到这样的人是一种幸福，而他这种品质的获得正是父母有心教育的结果。青春期是每个男孩人格砥砺的时期，因此适当的生存体验还是需要的，让男孩明白世界上还有许多不幸的人需要帮助，这有利于他们正确人格和品质的形成。

每个男孩的心中都有善良的种子，作为父母，我们要维护并发扬男孩的爱心。其中，助人为乐的精神也是父母应该培养男孩所拥有的，是需要父母一份恰当的爱哺育出来的。

爱默生说："人生最美丽的补偿之一，就是人们真诚地帮助别人之后，同时也帮助了自己。""助人为乐"这四个字，蕴含着人世间至真至诚至美的奇妙含义。助人为乐的男孩，由于使对方的困难得以解决，使别人的不便变为方便，可以从帮助别人的过程中发现自己的生存价值，自然会有一种成功的体验，正如歌德所说："你若要喜爱你的价值，你就得给人创造价值。"

1. 明确告诉男孩什么是善恶对错，让男孩形成正确的价值观

"种瓜得瓜，种豆得豆。"从小在男孩心灵这片土地上，播下"助人为乐"的种子，长大后，他们就会像美丽的天使一样关心别人的疾苦，多为别人办好事，体验到完美人生的快乐；如果种下"自私自利"的种子，男孩长大后只会关心鼻子尖底下的丁点儿小事，怎么能有所作为，又怎么能获得快乐呢？

2. 带男孩参加相关活动

带男孩经常参加一些慈善活动或者助人的社会实践活动，让男孩感知别人的疾苦。例如，让男孩为教堂义务劳动，或者打扫附近的公园，这类活动都能教会男孩助人为乐。

3. 父母要在日常生活中多帮助他人，给男孩起一个榜样作用

在生活中，父母的行动是儿子的一面镜子。

父母以身作则，为男孩做出榜样，男孩耳濡目染，日久天长也会养成自己的行为习惯。如邻里之间互相关照；帮助孤寡老人的生活；心系灾区灾民，为灾区捐款捐物；单位同事遇到困难时给予帮助和关照；哪怕在公共汽车上给人让个座。这种教育的作用是潜移默化的，将会收到润物细无声的效果。

"我有两个儿子，一个 11 岁，一个 12 岁，为了教他们懂得和不幸的人分享，我在厨房里放了一个大篮子来提醒他们。我们在里面放满容易保存的各种食物，然后捐献给镇上的紧急救助中心。每次我和孩子们去购物，我们都会额外买些东西好放进篮子里，等篮子装满的时候，我就和孩子们把一篮子的食物送到紧急救助中心。然后，我们再重新开始为篮子里添食物。"

男孩爱帮助人，爱做好事，这是人类善良的本性所致，应当弘扬。但是现实生活中，由于很多父母对人生的误解，他们所表现出的自私心理和功利主义，对青春期的男孩极易造成不良的影响。

总之，助人为乐是一个人思想境界的行为体现，是一种精神的升华。有句名言说得好：关心他人，竭尽全力去帮助别人，会使人变得慷慨；关心别人的痛苦和不幸，设法去帮助别人减轻或消除痛苦和不幸，会使人变得高尚；时常为他人着想，会丰富自己的生活，增加自己的涵养。做父母的不仅承担着教育男孩成就学业的责任，还担负着传承中华文明、培养健全人格的重任。教育和帮助男孩助人为乐，每一个家庭都担负着义不容辞的责任！

"谁给了我一切"——懂得感恩的男孩人格更丰满

家长的烦恼

1998 年，在清华大学，有一个叫邹健的大二学生，他有着更大的求学愿望，希望自己能进入哈佛大学深造，但此时，命运却跟他开了个玩笑，他的父母双双下岗了，这就意味着他和同时在上大学的弟弟都有可能辍学。坚强的邹健决定边打工边上学，生活十分辛苦。

邹健的情况很快引起了唐山市路南区工商局的重视，党委书记陈振旺率先发动起来，团委书记王阿莉很快与清华大学取得了联系，清华大学很快提供了当时上大二的湖南籍学子邹健的相关情况，路南区工商分局决定每月捐助邹健400元，直到他大学毕业。一场跨区域的助学行动拉开了帷幕。"当时局里的 36 名青年团员每人每月出资 10 元，不够的部分就由工会补上。"一直参与此项捐助活动的王阿莉介绍说。

受到资助的邹健一直学习努力，他从清华大学毕业后，又顺利进入了哈佛深造，而现在的邹健已经是美国哈佛大学电机工程的博士学位，并在美国纽约的一家金融公司工作。

邹健是个懂得感恩的人，为了回报路南区工商分局的爱心，2006 年 2 月 14 日，邹健的父亲给路南工商分局打来电话，告知邹健从美国特别寄来 4000 美元，他已兑换成人民币 32125.60 元寄给了路南区工商分局。

俗话说："滴水之恩，当涌泉相报。"感恩是一种生活态度，是一个内心独白，是一片肺腑之言，是一份铭心之谢。每个人都应学会"感恩"。案例中的邹健就是懂得感恩的人，而正是这份感恩的心，让他拥有了积极向上的人生态度，最终，他也收获了幸福的人生。

事实上，不仅邹健，任何一个幸福的人都有一颗感恩的心，是感恩，让他们懂得了奋斗的目的；是感恩，丰富了他们的精神世界；也是感恩，让他们变得成熟、完美。

东汉文学家王符曾说："生活需要一颗感恩的心来创造"，从这句话中我们看到，一个人如果能以感恩的心面对生活，那么，他看到的就是阳光，他就能感到幸福。

然而，生活中，我们总能发现喜欢抱怨的一些青春期男孩，他们喜欢抱怨学习太累、父母太唠叨，甚至会小到抱怨饭菜太差、衣服太难看等。其实，他们之所以经常抱怨，是因为他们缺乏感恩之心。对于这种情况，作为家长，我们有必要在男孩心智发展期的青春期就对其进行引导，让他们懂得父母养育他们之不易，知道所受到的爱是需要回报的，明白关心热爱父母家人是起码的孝心和良心，理解和帮助他人是最基本的社会道德。

1. 让男孩明白他无时无刻不在接受别人的帮助

可能男孩没有意识到，在他成长的道路上，无时无刻不在接受别人的帮助，接受别人的恩惠。对此，我们可以告诉男孩："自打你出生，父母就在孜孜不倦地哺育你，教你做人做事的道理；跨入校门，老师就无怨无悔地把毕生所学传授给你；遇到难以解答的学习问题，好心的同学也总是帮助你；而国家和社会，也为你提供了安定的学习环境和生活环境；甚至生活中那些陌生人，也在无形中对你提供帮助……"这样，男孩就会明白，他需要报答的人太多。一旦男孩有了一颗感恩的心，那么他还会抱怨父母的不理解、老师的严厉吗？

2. 引导男孩理解父母，感恩亲情

我们可以语重心长地对男孩说："居家过日子，难免磕磕碰碰。有时候，父母的行为、语言可能会导致家庭纷争，也可能不太恰当，但请你一定要理解，我们都是希望你好……"

实际上，父母又何尝不希望自己的子女能在生活中多关心一点自己呢？教会男孩懂得理解父母，他们会懂得知恩图报。

3. 告诉男孩要经常感谢身边的人

有时候，男孩可能认为，周围人对他举手之劳的帮助是理所当然，但父母要让男孩明白，没有谁应该对谁好，所以，你应该对他们说"谢谢"。有时候，即使这么简单的一句道谢，也是一种幸福的回馈。

4.鼓励男孩为社会尽一份微薄的力量

大部分男孩可能认为，我只不过是个普通人，哪里能为社会做多大贡献？但家长要告诉男孩，社会就是由千千万万这样的普通人组成的，只要从身边做起，多关心国家大事、社会新闻，多关心慈善事业，那么，哪怕你只捐出一块钱，哪怕你只是简单地拾起了马路上的一片废纸，你也是为社会的发展尽了一份力量。

总之，懂得感恩的人是幸福的。我们如果希望自己的儿子内心快乐、平和，就要培养他用感恩的心看待世界，这样，由于懂得体谅、理解和感激，关心尊重他人，他就会得到他人的肯定和信任，关心和帮助，他的事业就比较容易成功。男孩的内心存在真与善，知足与美好，就会有更多的快乐。

"没什么大不了的"——一定要培养男孩乐观的心态

家长的烦恼

汪先生的儿子兵兵最近因为打篮球骨折了，受伤后的他没办法上学，在家养伤，没办法跟小伙伴们蹦蹦跳跳了，所以心情很糟糕，总是唉声叹气。汪先生决定找儿子好好谈谈。

汪先生并没有开门见山，而是先给儿子讲了一个故事：

曾经有个人，他的一生都是充满不幸的。

在他46岁那年，他坐的飞机发生了事故，他全身65%以上的皮肤都被烧坏了。无奈之下，他必须进行植皮手术，但令他没想到的是，居然做了16次手术，他的脸变成了一块彩色板，他的手指也没有了，而且双腿瘫痪了，只能靠轮椅行动。可出乎意料的是，就在6个月后，这个巨人居然驾驶了飞机上了蓝天。

然而，厄运并没有到此结束。4年后，在一次飞行过程中，他所驾驶的飞机居然失控，然后摔回跑道，而他的12块脊椎骨全部被压得粉碎，腰部以下永远瘫痪。

但即使这样，他也没有消沉，他说："我瘫痪之前可以做1万种事，现在我只能做9000种，我还可以把注意力和目光放在能做的9000种事上。我的人生遭受过两次重大的挫折，所以，我只能选择不把挫折拿来当成自己放弃努力的借口。"

这位生活的强者，就是米契尔。正因为他永不放弃努力，最终成为一位百万富翁、公众演说家、企业家，还在政坛上获得一席之地。

说完这个故事后，汪先生问兵兵："儿子，知道这个故事的含义了吗？"

"我知道，爸爸，做人一定要乐观。"兵兵很干脆地说。

著名教育学家塞利格曼指出：父母教育孩子的方式正确与否，显著地影响着孩子日后性格是乐观还是悲观。因此，作为父母，一定要培养男孩积极的心态，让男孩在乐观中逐渐找到生活的自信。的确，无论何时，人都会遇到两个机会，一个是好的，一个是不好的。好机会中藏匿着不好的机会，而不好的机会中又隐含着好机会，关键是我们以什么样的眼光、什么样的心态和视角去对待它。

一位教育专家有句名言："培养笑容就是培养心灵。把孩子培养成面带笑容的孩子，就是把孩子培养成为乐观、进取的人的最重要条件之一。"

的确，一个乐观开朗的人，无论面对什么样的生活，都有能力重新开始，即使在地狱中，也能重新走入天堂。对于任何一个人来说，这是比什么都重要的财富。

因此，家长在培养男孩的过程中，乐观性格的培养是必不可少的。也许有些男孩天生就比较乐观，但有些男孩则相反。但乐观性格是可以培养的，即使孩子天生不具备乐观性格，也可以通过后天的努力来实现。

具体来说，我们可以这样引导。

1. 家长首先自己要乐观，用积极的家庭成长环境来熏陶男孩

男孩在成长过程中，一直在看着父母，如果父母在处理自身问题和家庭问题时持乐观态度，那么男孩通过观察和模仿也会逐渐养成乐观性格。当男孩遇到不利事情而悲观时，父母应带领男孩对问题进行多方面的思考和衡量，并让男孩明白他的思想中存在的逻辑错误。

自信乐观的父母，总是能够培养出自信乐观的男孩，他们总是能够为儿子营造这种积极乐观的氛围。

为此，家庭中所有成员在说话做事时都应有平和的态度。在对男孩说话时，要和颜悦色，让他感受到心情舒畅。不要经常厉声厉色地斥责男孩，以免男孩对父母望而生畏，心情老是处于不舒畅的紧张状态。这就要求父母尊重男孩的愿望，做事以理服人，让他们自然滋生出积极的情绪。

2. 鼓励男孩做一些力所能及的事

父母要经常引导男孩完成力所能及的任务，使其体验"成功"的欢乐。对于一个人来说，能够产生愉悦的情绪，莫过于完成任务的满足感和自豪感了，因此，作为父母，要让男孩在完成学习、劳动任务中，或在游戏活动中体验到"成功"的愉快心情。

3. 帮助男孩消除不良情绪

男孩一旦有了不愉快的事情，家长要设法尽快消除其不良情绪，恢复其愉快的心境。

总之，培养男孩乐观的心态，父母要身体力行，营造出一个乐观而温馨的家庭环境，让男孩快乐地学习、快乐地生活，教男孩正确面对批评和挫折，学会乐观向上，帮助男孩克服羞怯和抑郁的悲观因素，多给予赏识与鼓励，多给予笑声与温暖，男孩就会逐渐形成乐观开朗的性格。在男孩的一生中，乐观具有许多意义：它是诱发男孩采取行动的强烈的动机；它静驻男孩内心，可以提供充满勇气、克服困难的神秘力量。

"听爸爸妈妈的话就对了"——鼓励男孩自己作决定

家长的烦恼

小轩已经12岁了，但初一的他还十分依赖父母，什么都习惯问父母，希望父母给他拿主意，甚至是吃什么、穿什么这些小事。小轩的妈妈是个有心人，她决定在生活中逐渐纠正儿子的这一心态。

这天，小轩做完作业，准备看电视时，妈妈把小轩叫到身边，对他说："儿子，妈妈知道你们学语文课文经常要写中心思想，妈妈今天看到一个故事，你帮我总结一下吧。"

"什么故事？"

"曾经有一个叫魏特利的人，他经历过这样一件事：他的朋友特别多，一天，有个朋友和他约好，就在周日早上，他们一起去钓鱼，魏特利很高兴，因为他还不会钓鱼。因此，头天晚上，他先收拾好所有装备，如网球鞋、鱼竿等，并且因为太兴奋，他居然穿着自己刚买的网球鞋就上床了。

"第二天一大早他就起床了，把自己的东西都准备好，还时不时地朝窗外看，看看他的朋友有没有开车来接他，但令人沮丧的是，他的朋友完全把这件事忘记了。

"魏特利这时并没有爬回床生闷气或是懊恼不已，相反，他认识到这可能就是他一生中学会自立自主的关键时刻。

"于是，他花掉了他所有的积蓄，买了一艘他心仪已久的橡胶救生艇。中午的时候，他将自己的橡胶救生艇充上气，顶在头上，里面放着钓鱼的用具，活像个原始狩猎人。

"随后，魏特利来到了河边，他摇着桨，滑入水中，假装自己在启动一艘豪华大油轮。那天，他钓到了一些鱼，又享用了带去的三明治，用军用壶喝了一些果汁。

"后来，回忆起这次的光景，他说，那是他一生中最美妙的日子之一，是生命中的一大高潮。朋友的失约教育了他，凡事要自己去做。"

"妈妈，我明白您讲这个故事的用意了，我会努力改正的，以后不能什么都让你们替我做决定，不过，请您给我时间，好吗？"

的确，生活中最大的危险不在于别人，而在于自身。不在于自己没有想法，而在于总是依赖别人。

反过来，依赖足以抹杀一个人意欲前进的雄心和勇气，阻止自己用自己的努力去换取成功的快乐。依赖会让自己日复一日地停滞不前，以致一生碌碌无为。过度依赖，会使自己丧失独立的权利，它是给自己未来挖下的失败陷阱。

每一个男孩早晚都要脱离父母走向社会，因此，父母有必要培养男孩的自主意识，要让他明白，一个男人，可以平凡，但不能平庸。

这需要我们在日常生活中这样与男孩沟通。

1. 鼓励男孩："你可以的。"

生活中，许多男孩常常说"我不行"。这种意识有两个来源：一是源于自我，叫作自我意识；二是源于他人，叫作外来意识。有些家长自己就总觉得自己的儿子不行。一名男孩说："我想学游泳，我妈妈说，你不行，你从小体弱，下水会淹着的！我想学炒菜，我妈妈又说，你不行，会烫着手的！我想学骑车，我妈妈说，你不行，会摔着的……不行，不行，我什么时候才能行？"

这位妈妈看上去十分爱护自己的儿子，实际上却是在害儿子。要是老对男孩说"你不行"，慢慢地，男孩就会把自己定位成一个弱者，觉得自己真的什么都不行了。"我不行"在男孩的头脑中一旦扎下了根，他就会变得对做任何事都没有信心，会觉得离开了父母和老师寸步难行。

因为，"我不行"是一种反向的负信息，是缺乏自信心的具体表现。总用这种信息来暗示自己，一种"我不行"的形象就被不知不觉地塑造出来了。

而"我能行"是一种正信息，是成功者必备的心理素质。总用正信息来调控自己，一种"我能行"的形象也就被不知不觉地塑造出来了。

2. 告诉男孩学会表达自己的需要

你要告诉男孩："对于内心的想法，你要学会告诉家长、老师，否则，他们便会左右你的想法和观点。"

3. 尊重男孩的意愿

"儿子是小人，小人也是人"。做父母的应尊重儿子，把他当作家庭中平等的一员来对待，要尊重他在家庭中的地位，任何涉及儿子的事情，都应尊重或听取儿子的意见。要尊重孩子的见解，甚至当你不同意时，也要以商量的口吻表示对他的尊重。如对话时，不要中断或反驳孩子，不要干涉孩子自己喜欢的方式等等。

4. 鼓励男孩敢于否定他人

5. 让男孩独立面对各种难题

正如一位名人所说："所谓成长，就是去接受任何在生命中发生的状况。即使是不幸的、不好的，也要去面对它，解决它，使伤害降至最低。所谓的成长，所谓的智能，所谓的成熟，都不过如此。"这样的男孩才能独当一面，成为一个自立自强的男人。

总之，只要不是原则性的问题或危险的事情，父母都可以放手让男孩自己做决定，而且要多提供机会让男孩自己做决定，并且是真正的自己做决定。父母千万不要左右男孩，也不应要对男孩事先做出假设或者限制，要给男孩以单独思考、学习和玩耍的时间与机会，这样，他才能成长为一个独立、不人云亦云的男子汉。

"还有改进的空间吗"——引导男孩常做自我反省

家长的烦恼

这天，某中学初二（3）班在开一场班会，班会的主题是如何总结学习经验和教训。班会开始前，班主任老师先以一个故事入题：

爱因斯坦小时候十分贪玩，他的母亲最担心的就是这点，很多时候，母亲对他的告诫，他都当成耳边风，过后就忘。等到他 16 岁的时候，父亲对他的一番话让他真正长大了，并且影响了他的一生。

父亲说："昨天，我和你杰克大叔一起去清扫了南边的一个很久没人打扫的烟囱，去的时候，我走在你杰克大叔后面，他踩着钢筋做的梯子上去。下来的时候，我依然走在你杰克大叔后面。但我们出来的时候，我发现，你杰克大叔身上、背上、脸上都是黑乎乎的，而我身上竟然一点也没有。"

爱因斯坦听得很认真，父亲继续微笑着说："当我看见你杰克大叔浑身黑乎乎的样子时，心想，我肯定也脏死了，于是，去河边洗了又洗。而你杰克大叔恰恰相反，他看到我干干净净的，以为自己也是干干净净的，只是随便洗了洗手，就去街上了。结果，街上的人都笑破了肚子，还以为你杰克大叔是个疯子呢。"

爱因斯坦听罢，也忍不住笑了半天。等他平静下来后，父亲郑重地对他说："其实谁也不能做你的镜子，只有自己才是自己的镜子。拿别人做镜子，白痴或许会把自己照成天才的。"

"老师讲这个故事，是希望同学们明白，无论是谁，也包括作为学生的你们，都要明白，一个人，只有这样不断反思，找到改进之处，才能不断进步……"

的确，正如爱因斯坦的父亲所说，我们只能做自己的镜子，照出真实的自我。任何人要想进步，都要掌握关键一点，那就是一定得认识和了解自己，而这件事只有自己才能完成，也是一个非得靠自己才能解答的问题。谁能永久激励你？谁能让你不断成长？答案是你自己，别人只能帮你推波助澜而已！所以要获得成功，首先要研究、了解自己。自己才是自己的最佳导师。

我们都知道，青春期是人生的岔路口，每个男孩在这个阶段养成什么样的习惯、形成什么样的人生观，都关系到他们一生的命运。作为父母，我们要告诫男孩，无论是做人还是做事，都要善于自我反省，只有这样，才能发现自己的缺点或者做得不够好的地方，然后加以改正，使自己不断进步，并能够扬长避短，发挥自己的最大潜能。要做到这点，我们就要明白以下方面。

1. 告诉男孩经常自我反省的重要性

学会反省自己，始终是最明智、最正确的生活态度。当男孩在成长过程中遇到问题时，父母也要引导他反省，让他反省自己的行为，反省自己的思想，让他承担自己的责任，学会反省自己的言行。

那么，什么是反省呢？反省即检查自己的思想行为，检查其中的错误。学会反省，就是学会对自己的思想行为进行自我检查。古人云："知人者智，自知者明。"的确，人贵有自知之明，试想，如果一个人自己不了解自己，目空一切，心胸狭窄，心比天高，又怎么会虚心进取？就更不用说成功了。

2. 引导男孩从三个方面反省自己

那么，男孩每天又应该反省些什么呢？你可以从以下几个方面帮助他自我反省：

（1）人际关系。"你今天有没有做过什么对自己人际关系不利的事？你今天与人争论，是否也有自己不对的地方？你是否说过不得体的话？某人对你不友善是否还有别的原因？"

（2）做事的方法。"反省今天所做的事情，处事是否得当，怎样做才会更好。"

（3）生命的进程。"反省自己至今做了些什么事，有无进步。是否在浪费时间？目标完成了多少？"

如果男孩能坚持从这三个方面反省自己，那一定可以纠正自己的行为，把握行动的方向，并保证自己不断进步。

3.告诫男孩要保持空杯心态

有一个国王，他善于治理国家，所以他的国家富足又强大，其他国家都不敢来犯。因此，一直以来他都比较满足，但有一天，他忽然觉得非常惶恐。于是，他召集王宫中的智者说："我很想找到一个钟，用来使我安定。当我不快乐时看它，它会使我快乐，在我快乐时看它，它会使我忧愁。"智者绞尽脑汁，终于设计出国王想要的这个钟，不过上面刻了这样一句话："这，也将成为过去。"

的确，青春期是情绪化的时期，一些男孩在取得好成绩时难免会骄傲，此时，父母必须告诉男孩要放下过去的荣耀，只有这样，才能让内心变得更强大。

总之，反省的过程就是一个人心智不断提高的过程，是一个人心灵不断升华的过程，教育青春期的男孩，帮助他及时发现自己的问题，扬长避短，并加以改进，那么他便能更好地成长。

第 11 章

交友观引导：告诉孩子什么是真正的友谊

生活中，我们每个人都是集体中的一分子，都需要友谊，正如古人所说"人生得一知己足矣"。青春期更是渴望获得友谊的时期，相信每个青春期男孩都希望自己的生活里有这样一些人，这些人能给他们讲一些简短却动听的故事，会教他们玩好玩健康的游戏，这些人就是朋友。作为父母，我们都希望自己的儿子能有一两个好友，这样，男孩就不会孤单，在他以后的人生路上，也有知己相伴，但我们必须告诉男孩什么是真正的友谊，帮助他们建立正确的择友观，只有这样，男孩才会交到真正的朋友。

"兄弟就要讲义气"——告诉男孩什么是真正的义气

家长的烦恼

这天，在某中学发生了一起学生集体斗殴事件，事件经过是这样的：

初中一年级的学生在选班干部时，由于班主任老师对新生不了解，所以，决定给几名被选出来的班干部3个月的试用期。很快，3个月过去了，班主任老师让班上的同学重新选出班干部。结果对于班长的职务，班上的一半男同学选择原来的代理班长，而另外一半男同学，却选另外一个同学，并且选票完全一致。那天中午，班主任老师让大家再商量一下，下午做出决定，结果，就在午休的半个小时中，班上出现了一场激烈的"战斗"，要不是班主任老师及时出现，这些男同学就抄起"家伙"了。班主任老师经过了解得知，这两位班长"候选人"，早就在班上培植了一批"小弟"。其中有几个胆小的男同学对班主任老师透露，其实，他们不想加入的，但又怕被其他男同学鄙视，就加入了。班主任老师是又气又急，现在的孩子，小小年纪，就盲目讲哥们儿义气了。

后来，班主任老师请来了几位家长，共同商量怎么解决这事，结果有位家长说："我的儿子学习非常好，这您是知道的，但就是逆反心理特强，不听爸爸妈妈的话。另外，这孩子从小就喜欢看《水浒传》，因此特别注重友谊。今年暑假的时候，他去看了他小时候的玩伴，那个男孩被社会上的人打了，结果我儿子居然买了一把很长的匕首，非要帮那玩伴报仇，要不是我们及时发现，恐怕都已经酿成大错了。老师，这种孩子我想知道他的心态是怎么样的，我们应该怎么教育呢？"

其实，类似这样的现象在青春期男孩中间时有发生。随着年龄的增长、视野的开阔，男孩对外界事物所持的态度的情感体验也不断丰富起来，他们渴望交友，都有了自己的交友圈子，都有自己的几个哥们儿，于是，相互之间就称兄道弟，并盟誓有福同享，有难同当等，这就是哥们儿义气。

然而，所谓的哥们儿义气是一种比较狭隘的封建道德观念。它信奉的是"为朋友两肋插刀""士为知己者死""有难同当，有福同享"，即使是错了，甚至杀人越货，触犯法律，也不能背叛这个"义"字。总之，它视几个人或某个小集团的利益高于一切。因而，它与同学之间的真正友谊是截然不同的。

生活中，有些父母认为，儿子有几个铁哥们儿，在学校就不会孤单了，于是，他们放宽了心，把孩子交给了学校，由老师全权管理。当男孩因为打架斗殴被学校处分的时候，才意识到自己的失职，儿子盲目讲哥们儿义气，很容易误入歧途。那么，作为父母，应该怎样引导男孩理智对待友谊，摒弃哥们儿义气的行事风范呢？

1. 理解男孩渴望友情的心情

那些喜欢讲哥们儿义气的男孩，相对来说，都缺乏师长的肯定，从而希望在同龄人身上得到赞同。处于青春期的男孩，渴望与人交往，获得友谊，对此，家长要予以理解，你可以告诉男孩："爸爸妈妈知道你压力大，需要一个朋友倾诉，但你可以把爸爸妈妈当成好朋友啊！"男孩在得到父母的认同后，也就能与父母坦诚地交流了。

2. 与男孩多沟通，让他明确什么是真正的友谊

青春期的男孩涉世不深，善良单纯，注重友情，感情真挚，但毕竟这些男孩缺乏明确的道德观念，分不清什么是真正的友谊，甚至把"江湖义气"当成交朋友的条件，而使自己误入歧途。

作为家长，应该告诉男孩，友谊是人与人之间的一种真挚的情感，是一种高尚的情操，友谊使你赢得朋友。当遇到困难和危险时，朋友会无私帮助，如果有了烦恼和苦闷，也可以向朋友倾诉。

但友谊与哥们儿义气是不同的，友谊是有原则、有界限的，友谊对于交往双方起到的都是有利的作用，因为友谊最起码的底线是不能违犯法律，不能违背社会公德。而哥们儿义气源于江湖义气，是没有道德和法律的界限的，只有为"哥们儿"两肋插刀。友谊需要互相理解和帮助，需要义气，但这种义气是要讲原则的，如果不辨是非地为"朋友"两肋插刀，甚至不顾后果、不负责任地迎合朋友的不正当需要，并不是真正的友谊，也够不上真正的义气。

3. 告诉男孩什么是是非，提高辨别能力

对男孩是非观念的培养是需要一个过程的，家长要以鼓励为主。当男孩有所进步的时候，家长要鼓励、表扬和奖赏他，这样可以使他得到精神上的满足和情感上的愉快，巩固已有的进步。男孩做错了，家长也不应体罚他，而应进行必要的严肃批评，耐着性子和他说理。

4. 教会男孩克制冲动的情绪

有时候，青春期男孩在朋友遇到困难或者不利时，出于义气，他们会不经过思考，做出一些冲动的行为，如为了朋友打群架等。其实，男孩的

想法并没有错，只是太过冲动，有时候好心办了坏事。

对于这种情况，我们应对男孩说："你这样做并不能帮助朋友，冲动起不了任何作用，反而帮了倒忙！朋友有难，你该帮助，但是要选用正确的办法！"你不妨让他先冷静下来，找到解决问题的办法。

"他比我出色，我不想跟他交往"——引导男孩用欣赏的眼光去看待别人

家长的烦恼

有一段时间，李先生觉得儿子有点儿不对劲，他好像不跟自己最要好的同学王远一起上学和放学了，不会吵架了吧？李先生心想，孩子之间吵架，很容易和好，也没在意。可是，这种情况持续了一个月，这让李先生感到很奇怪。

看到儿子闷闷不乐的样子，李先生决定找儿子谈谈。"儿子，爸爸知道你最近肯定是遇到什么不开心的事了，如果你把爸爸当朋友，就跟我说说好吗？"

"没事的，您不用担心。"儿子敷衍着。

"是不是和王远吵架了？我感觉你们最近也不在一起玩了。"

"不要跟我提他，我没他这个朋友。"

"怎么了，他做对不起你的事了吗？"李先生继续引导儿子。

"没有，我就是讨厌他，他总是比我优秀，以前上小学的时候我们差不多，可是现在，他每次考试都比我好，我跟他在一起，像个小丑，一点面子都没有。"儿子很激动地说着。

"儿子，你要明白，他成绩好不是他的错。想想看，如果你跟他做朋友，还能从他那里学到好的学习方法，你们之间如果能在学习上你追我赶，是不是都能得到进步？其实，王远是不错的孩子，爸爸一直鼓励你跟他来往，对不？"

"爸爸，您说的有点道理，您让我好好想想……"

案例中，李先生的儿子为什么不再愿意和王远交朋友？因为王远学习成绩比他好，让他感到没面子。其实，有这种想法情有可原，不少青春期男孩宁愿跟那些学习成绩不如自己的人交往，也就是因为这种心态。

的确，懂得欣赏别人是一种豁达，是一笔财富！用欣赏的眼光去看待别人，会发现其有很多优点，有很多值得自己学习和借鉴的地方。对于男孩来说，这也是一种鞭策，一种不断地完善他们个性的方法。

青春期是个需要朋友的时期，青春期的男孩也慢慢成为一个社会人；青春期是个为友谊劳心劳力的年纪，每个男孩都有几个朋友，但似乎这些孩子间都有一个威胁友谊的最大杀手——嫉妒，因为在同龄的孩子之间，往往免不了竞争。因此，很多孩子在面对比自己优秀、比自己成功的朋友时，就会产生心理不平衡，"和他做朋友，感觉自己像个小丑一样，简直是他的附属品"。作为父母，我们不但要鼓励男孩和朋友交往，还要告诫他们要用欣赏的眼光去看待别人，这样才会拥有良好的人际关系，也会提高自己的人格魅力。

为此，父母需要这样与男孩沟通：

1. 告诉男孩：不要只关注自己

父母要让男孩明白，与别人交往时首先想到自己的人，与别人的关系很难持久。当你开始把注意力集中到别人身上时，建立良好人际关系的可能性就大大增加。再者，人际关系是互动的，不要总是消极地等待别人来主动关心自己、帮助自己，要想建立良好的人际关系，最重要的是要主动地与周围的人交往沟通。

2. 提醒男孩反省自己，发现别人的长处

作为成长中的男孩，以这样的心态面对比自己优秀的朋友或者同学，不仅能学会用客观的眼光看自己和对方，也能弥补自己的不足，这样，就不至于为一点小事钻牛角尖，还能交到帮助自己成长的真正朋友。

3. 鼓励男孩用欣赏的眼光看待别人，千万不要试图通过争论使人发生改变

可能男孩常喜欢与同学、朋友讨论问题，这有助于提高自己的知识和思维水平，但我们要告诉他，千万不要试图改变对方，而应该站在对方的角度，多想想对方为什么会产生这样的想法和意见。如此，你就能发现与自己不同的思维方式，同时还能发现对方的优点。

4. 引导男孩友善又和谐地与人相处

对于青春期的男孩来说，人际交往在其心理健康发展中非常重要。通过与人交往，男孩不仅能感受到关爱，还能通过他人的评价，及时地改正自己的不足，并督促自己成长。

总之，在学习或者生活中，我们要培养男孩宽广的心胸，要让男孩明白一点：如果你的周围有比你优秀的朋友，千万不要嫉妒。只有心胸宽广，用心交友，以人之长补己之短，才能获得真正的友谊！

"对不起要怎样说出口"——引导男孩主动道歉

家长的烦恼

这天，在下课前的 15 分钟内，老师让语文课代表为大家朗读了一篇叫《人生的弱点》的文章：

我住的地方，靠近纽约中心。从家里出门步行一分钟，就是一片森林。我常常带着雷斯到公园去散步；它是一只温驯而不伤人的小狗，因为公园里游人稀少，我一般不给它系上狗链或戴口罩。

有一天，在公园碰到一位骑马的警察。他严厉地拦住我们，"干吗不给它系上链子？"他训斥道："不知道这是违法的吗？""是的，我知道。"我连忙温和地回答："不过我的狗从来不咬人。""不咬人！这是你自己的想法，法律可不管你怎么想。它可能在这里咬死松鼠，也可能咬死小孩。这次我不追究，下次我再看到这只狗不系链子，不戴口罩，你就只好去跟法官解释啦！"我客气地点头，连说"遵命"。我的确照办了，可是雷斯不喜欢戴口罩，有一次我决定再碰碰运气。

这天下午，雷斯和我在一座小山坡上赛跑，突然间，糟了，我又碰上了那位执法大人，雷斯跑在前头，直向他冲去。我知道这回要倒霉了。于是不等警察开口，就抢在他前头说："警官先生，这下你当场抓到我了。我确实有罪，触犯了法律。你在上个星期就警告过我了。""好说，好说。"警察说话的声调意外的温和。"我知道在没有人的时候，谁都会忍不住要带这么好的一只小狗出来溜达。""这倒是的，"我说，"但我违反了规定。""这条小狗大概不会咬上别人吧？"警察反而为我开脱起来。"这样吧，你们跑到我看不见的地方，事情就算了。"我向他连连道歉，带着雷斯走过了山坡。

语文课代表读完文章，老师说："相信大家都读懂了文章的中心思想，对于'带狗'这一事件，这位警察的态度为什么会发生如此巨大的变化？因为带狗的主人的主动道歉。假如这位带狗的主人不是主动认错，而是与警察辩解，那么，不管他怎么辩解，恐怕也不会得到警察的谅解。所以，我也希望同学们在交朋友的过程中，如果做错了事，也一定要道歉……"

的确，每个人都生活在一定的关系中，谁也避免不了在与人交往时伤害别人或者被别人伤害。做错了事说声"对不起"是一种符合社会行为、体现人的素质、增进人际交流必不可少的行为标准之一，尽管大多数伤害是无意的，但学会道歉和学会接受道歉，是打开通向原谅和恢复关系大门的最有效的钥匙。

同样，生活中如果男孩正在为做了让朋友生气的事烦恼，那么，我们一定要让男孩学会道歉，挽回友谊。美国著名心理学盖瑞·查普曼博士提醒说："孩子在小时候就能学会道歉的语言，随着年龄的增长，他们对道歉的重要性会有更深的领悟和理解，为今后的道德和人际关系发展奠定基础。"通常，我们都需要经历一个漫长的过程才让男孩明白，当他的行为让别人受到身体上的或者情感上的伤害时，他应该道歉。而一旦他能够发自肺腑地说出"对不起"，那么他不仅仅是掌握了一项社会技能，更重要的是，他同时学到了怎样去补救自己的过失，怎样对自己的行为负责，怎样照顾他人的情感。那么，我们该怎样学会这门教育心经，让男孩在伤害对方的时候，为自己的行为负责，向对方道歉呢？

我们可以这样引导男孩：

1. 引导男孩认识到自己的错，是主动道歉的前提

男孩没有学会道歉，可能是因为不懂得是非概念，不知道生活中什么是对的、什么是错的、为什么是错的，更不知道自己应该怎样改正错误。因此，父母切不可对男孩动辄责备，应耐心地告诉他为什么错了，错在哪里。认错需要一定的勇气。男孩不敢认错，可能是害怕承担后果，父母应给男孩一种安全感，告诉男孩每个人都有犯错误的时候，只要改了就是好孩子，避免男孩产生畏惧感。

2. 可教会男孩一些真诚的向别人道歉的艺术

（1）教会男孩用一些小礼物表达自己的歉意，这就是"尽在不言中"的妙处。孩子之间的矛盾不是什么"深仇大恨"，只要有一方主动示好就能化解。

（2）让男孩切记道歉并非耻辱，而是真挚和诚恳的表现。伟人也有道歉的时候，丘吉尔起初对杜鲁门的印象很坏，但后来他告诉杜鲁门以前低估了他——这句话是以道歉方式做出的赞誉。

（3）除非道歉时真有悔意，否则对方不会释然于怀，道歉一定要出于至诚。

（4）告诉男孩道歉要堂堂正正，不必奴颜婢膝。你想把错误纠正，这是值得敬佩的事。

（5）让男孩明白，应该道歉的时候，就抓住时机，马上道歉，越耽搁就越难启齿，有时会追悔莫及。

当然，家长要以身作则，给男孩树立好榜样，自己做错的时候，也要真诚道歉。总之，我们要让男孩明白，道歉是对自己的行为负责的表现，是真正的勇者，这样的人一定能得到朋友的原谅！

"我们还能和好吗"——引导男孩拓展心胸，接纳他人

家长的烦恼

这天，老师上课前，教室里静悄悄的，因为昨天班上两个男生打架了，大家心想，今天老师肯定要惩罚他们。但老师并没有说什么，而是先给大家讲了个故事：

两个已是好友的士兵在森林里与大部队失联了。

与队伍失散后，两人在森林中艰难跋涉，互相鼓励、安慰。10 多天过去了，他们没有看到一个人影，回到部队的希望越来越渺茫，更严重的是，因为战争，动物四散奔逃或被杀光，他们依靠猎杀少量动物作为食物，生存成了问题。

很快，他们再也没看到任何动物。仅剩下的一些鹿肉，背在年轻战士的身上。生存又面临更严重的问题。

一天，背着鹿肉走在前面的年轻战士中了一枪，这一枪打在肩膀上。后面的战友惶恐地跑了过来，他害怕到语无伦次，抱起倒在地上的战友泪流不止，并赶忙把自己的衬衣撕成条来包扎战友的伤口。

夜深了，受伤的战士肩膀上包扎的衣服一片血红，他对于自己的生命并不抱任何希望。而那位未受伤的战士两眼直勾勾的，嘴里一直叨念着母亲。用来救命的鹿肉谁也没有动，他们都以为自己的生命即将结束。那一夜令两个人都终生难忘。

天知道他们是怎么过的那一夜。第二天，他们被自己的部队发现了，当太阳升起的时候，他们获救了。

故事到这里，似乎告一个段落，是个喜剧结局。

但时隔30年，那名受伤的战士安德森说："我知道谁开的那一枪，他就是我的老乡、战友。"这实在是太惊人了。

安德森平静地说："他去年去世了，否则我永远都不会说，如果我死在他前面，我会让这个故事烂在肚子里带走。那年在森林里，当他抱住我时，他的枪筒还在发热，我顿时明白了，他想独吞我身上带的鹿肉活下来，但当晚我就宽恕了他。因为我知道他活下来是为了照顾他的母亲。此后30年，我装作根本不知道此事，也从不提及。战争太残酷了，没有纳粹的存在，就不会有这样的悲剧。令人难过的是，他的母亲还是没有等到他回来就撒手去了。我和他一起祭奠了老人家。他跪下来，流着泪请求我原谅他。我拥抱着他，不让他说下去。于是，我宽恕了他，我的心没有仇恨，异常的平静。我没有失去什么，我们又做了二十几年推心置腹的朋友。"

"故事中主人公安德森是豁达的，面对朋友对自己的伤害，他选择了忘却。同学们，我告诉大家这个故事，是希望大家明白，即便产生了矛盾，有过节，只要我们选择宽容，就能成就友谊。"

对于青春期的男孩来说，他们总有几个死党，这些孩子会一起学习，有很多共同语言，但却因为一些小事而产生误会，一些男孩甚至会对友谊产生怀疑。对于这样的情况，我们一定要引导男孩，告诉他们，不计前嫌才是真丈夫，主动伸出橄榄枝就能让友谊更持久。

我们需要这样与男孩沟通：

1. 告诉男孩学会包容别人

包容是一首人生的诗，我们的生命因为包容而不再平庸；包容是一门生活的艺术，大肚能容的境界，能让我们读懂人生的真谛。生活中，我们要懂得包容别人，因为相让共得，相斗俱伤。

我们要告诉男孩，对于他人的过错，大可以一笑了之，而不必耿耿于怀，做一个大气的人，用宽容的心去原谅他人，能成就我们自身。再者，宽容还能使我们变理智，当事情发生时，我们能冷静下来看到事情的缘由，同时，也能看清自己。试想一下，倘若我们针锋相对，以同样的方法还击对方，那么除了失去友谊之外，还能带来什么呢？

2. 鼓励男孩主动和解，化解争端

要知道，产生矛盾的两个孩子，如果谁都不主动和解，那么，只能不断争执下去。为此，父母可以鼓励男孩，对他说："你应该大度一点，主动和解。如果你希望对方接纳你，那么，你就应该首先伸出友谊之手，而不要摆出一副冷冰冰的态度和架势，这只会让那些本愿意与你结交的人望而却步。只有积极、热情、真诚才能融化人与人之间的冰山。"

总之，我们要让男孩明白一个道理：你怎样对待别人，别人就会怎样对待你，接纳对方，才能被对方接纳，所有的一切全部由你的态度决定！

第 12 章

叛逆期，这样和男孩沟通，让男孩对你敞开心扉

我们都知道，每个男孩的父母都望子成龙，但在教育青春期男孩的问题上，男孩没有女孩听话，更难教育，对此，一些父母显得过于焦躁，儿子一旦出了些什么问题，就乱了方寸，以为大声呵斥就能让男孩听话，而实际上，往往事与愿违。我们需要明白的是，青春期的男孩是叛逆的，要引导和教育男孩，就要和他进行心与心之间的沟通，我们只有放下架子，并找到和儿子沟通的技巧，同时多倾听孩子的心声，才能引领儿子健康成长。

沟通前请认真聆听男孩的心声

家长的烦恼

刘明是某中学一年级的一名班主任，他关心班上的每个学生，并没有把眼光只放在那些学习成绩优异的学生身上。从初一开学到现在，已经有半个学期了，他发现班上有个叫王园的男孩子，似乎感觉总是不对劲。放学后，他宁愿在学校四处游荡也不愿意回家。于是，刘明决定做一次家访。原来，所有的问题都出在孩子的爸爸身上。

"我爸回家我就进卧室，吃饭做作业我都待在自己的房间里，早上等他上班了我再上学，一天下来基本上可以不说话。"王园这样形容自己和爸爸的生活，他们之间"相敬如宾"、互不干扰对方。

"跟他们说话很累，根本就说不到一块儿去。"王园说，"每次和爸爸说话，从来就是三句话不到就开始'热闹'了。"

"其实我们俩父子哪有什么深仇大恨，我说他也是为了他好，但孩子倒把我当成仇人、陌路人。"王园的爸爸这样对刘明说。他是个退伍军人，大男子主义比较重，说话常有口无心又好面子，不愿意向孩子低头；而王园年纪小比较容易激动，又认死理，也许是这样才使父子两人关系越闹越僵。上了初中后，王园已经习惯了对爸爸那套"我是家长，我说什么你得听着"的理论保持沉默。"像现在这样大家互不干涉也挺好，没有吵架也安静多了。"在王园看来，这么陌生人般的父子关系似乎也不赖。

其实，很明显，王园爸爸和儿子之间问题的症结在于缺少沟通，而其中一个重要的沟通障碍就是他放不下做家长的架子，与孩子之间形成了一种对抗。久而久之，孩子就宁愿与他以陌生人的关系相处。

但现实生活中，这样的家长又有多少呢？随着现代社会生活步伐的提速、竞争压力的加大，作为家长，为了能给儿子一个优越的生活环境，常常由于工作忙碌，而忽视了与儿子多沟通，陪儿子一起成长。父母是男孩的第一任老师，也是男孩接触时间最长的朋友，在男孩成长的过程中，最需要的就是父母的关心，最愿意交流的也是父母，尤其是在男孩进入青春期以后，这种交流应该更为需要，因为这期间，男孩的自我意识加强，渴望脱离父母的束缚，如果缺少父母的理解，那么，亲子关系就会越发紧张，甚至会对男孩的成长产生不利影响。

的确，可能不少父母都认为，与男孩沟通，只有在男孩面前树立威信，才能让他对自己信服，于是，他们在说话时尽量提高音调，以为男孩会听自己的话。但结果却常常事与愿违。其实，假如我们能用心地与男孩沟通，多听听他的心声，让男孩感受到我们对他的尊重，亲子关系也许会好很多。

那么，我们需要怎样倾听男孩的心声呢？

1. 再忙也要听他说

其实，每一个青春期的男孩都希望得到父母的理解，因此，从现在起，每天哪怕是抽出 2 小时、1 小时，甚至是 30 分钟都好，做男孩的听众和朋友，倾听他心中的想法，忧其所忧，乐其所乐，当男孩有安全感或信任感时，就会向其信任的父母诉说心灵的秘密。这样，才有可能经常倾听到男孩的心灵之音，男孩才会在你的爱中不断健康地成长，快乐地度过青春期！

2. 耐心听完男孩的叙述，不要急着打断他

生活中，一些男孩说："每次，我想跟爸妈谈谈心，刚开始还能好好说话，可是爸妈似乎都是以教训的口气跟我说话，我还没说完，他们就开始以父母的身份来教育我了，我真受不了。"其实，这些家长就是不懂得如何倾听，倾听的首要前提就是要有耐心，让男孩把话说完，再提出解决的方法，这样才会让男孩感受到尊重，也才能达到双向交流的目的。

因此，无论男孩是向你们报喜还是诉苦，你们最好暂停手边的工作，静心倾听。若边工作边听，也要及时做出反应，表示出自己的想法或感受，倘若只是敷衍了事，男孩得不到积极的回应，日后也就懒得再与家长交流和分享感受了。

3. 不要急着否定他，给他更多解释的机会

作为家长，很多时候，父母会认为男孩的想法是不对的，甚至是不符合常规的。抱着这样的心态，在倾听男孩说话的时候，会有一种先入为主的想法，会把男孩的话摆在一个"幼稚可笑"的立场，男孩自然得不到理解。其实男孩也是人，也有一个丰富的心灵，我们要特别注意倾听他们的心声。

沟通，要求父母主动将自己的内心世界向男孩表达，同时多倾听男孩的心声。这样，才能了解孩子的所思所想，而后"对症下药"，给予适当的引导，使男孩健康成长。

顺畅沟通要从消除"代沟"开始

家长的烦恼

一位母亲这样陈述在教育中的苦恼："儿子上初中后话也是越来越少，一到休息天就守在电脑前跟同学聊天、逛贴吧、看论坛。自己偶尔凑上去看他们聊的什么，结果竟然看不懂，都是什么'有木有''很稀饭'之类的词，问儿子是什么意思，儿子'切'了一声，很不屑的样子。"

"后来我到网上搜才知道，现在网络上有那么多新词，什么咆哮体、蜜糖体、淘宝体，我看得头都晕了。"

"前段时间儿子又改了个状态，写了句'金寿限无乌龟少'，我更是看不懂。问儿子，儿子居然说我老土，这都不知道。后来，我自己上百度搜了搜，才知道，这原来是前段时间热播的一部韩剧里的台词。唉，这个年龄段的孩子真是太前卫了，还是我们真的太土了？"

而有位网友也感慨：现在跟儿子的话题真是越来越少了。平时儿子放学回家，他总是会问儿子想吃什么，儿子的回答常常是"就知道问这个，随便！"考试完问儿子成绩怎么样，儿子的回答是"就会问成绩，烦不烦"。给儿子买了新衣服，儿子的回答是"就会买这样的，俗不俗"……

作为父母，当儿子进入青春期后，你是不是发现他不再像以前一样听话了，不再认为我们说的都是对的，他是不是经常对我们说："俗！""土得掉渣！""out 了"等，从孩子的口中，你是不是会听到："我们同学都是这样说的。""人家都是这样穿衣服的。""什么都不懂，懒得跟你说。""你不明白的。"……这表明你们之间有代沟了。

代沟是指两代人因价值观念、思维方式、行为方式、道德标准等方面的不同而带来的思想观念、行为习惯的差异。当今社会，代沟严重影响了父母和孩子之间的亲子关系。很多男孩不理解父母，甚至有叛逆心理，这一点在青春期男孩中尤其明显。进入青春期的男孩因依附性减弱，独立性增强，从而使亲子两代人在对待事物的认识上产生一定的距离。由于态度的不同及意见分歧，因此出现了一条心理鸿沟，致使青少年认为父母不了解他们、有事宁可与同学商谈，也不愿向家长诉说；甚至以不满、顶撞、反抗、违法等方式试图摆脱成人或社会的监护，以自己的方式行事，坚持自己的理想和判断是非的标准。

大量事实表明，父母与男孩隔膜的症结，不在男孩，而在父母，如父母的冷淡磨灭了男孩倾诉的兴趣。每个男孩小时候都是爱向父母倾诉的，但由于父母的处理不当，男孩丧失了倾诉的兴趣。男孩既有饮食的饥饿，也有交谈的饥饿，而父母往往只关注了前者，忽略了后者。

常听到一些父母抱怨："儿子长大了，什么都不给我们讲，不知道他想的什么。"也常听到男孩说："懒得和父母说，说了他们也不理解。"

可见，要培养男孩，第一步就是消除亲子间的代沟。具体说来，家长要做到以下方面。

1. 与时俱进，主动寻找共同语言

曾经有人做过一次调查，设计了一些问题。

你的儿子最喜欢做什么？他最崇拜谁？曾经哪件事最打击他？

父母与男孩都写下这些问题的答案，然后彼此对照一下，结果发现，没有一对父母能回答对一半以上的问题。

的确，有很多父母能记得男孩每次的考试成绩，记得男孩喜欢吃的食物，但就是弄不清男孩的偶像是迈克尔·乔丹还是迈克尔·杰克逊，他到底是打篮球的还是踢足球的？努力和孩子建立共同的爱好，了解男孩，他才能有和你交流的兴趣与欲望。

要知道，男孩最需要的不是玩具和零食，而是亲密感情的表现形式，如你了解他的思想，理解他，认同他，给他一个鼓励的拥抱等。记住，你的儿子已经进入青春期了，已经有了自己的爱好、思想等。对此，家长应予以正确的引导和鼓励，不能以一成不变、简单粗暴干涉的方式来约束他，家庭教育应该突破传统教育的固定模式，与时俱进。父母应该在平时多留意社会的发展和男孩的想法，注意与男孩沟通，在了解他的想法后多向老师求教，双方配合，合理引导，共同促进男孩的健康成长。

2. 平行交谈，增加与男孩共事的机会

现代社会，很多父母都很忙，男孩也每天忙于学习，造成亲子间的代沟越来越大。其实，作为家长的你，也可以制造机会与男孩相处，如可以与男孩参加晨跑，参加体育运动，如一起打球，一起游泳，一起旅游，这样不仅能增加与男孩沟通的机会，最重要的是得到了锻炼。

的确，男孩天天在用现代化的眼光审视我们，逼迫我们去学习新东西，督促我们朝现代化靠近！呆板的、单一的、简单的家教已经行不通了，父母要在人格魅力、学识素养各方面得到孩子的敬佩与爱戴。在 21 世纪，变是唯一不变的真理。变是常态，不变是病态。因此，作为 21 世纪的父母，我们不妨改变一下自己，与时俱进，从而将代沟减少到最小。

不要忽视沟通的话题

家长的烦恼

有一段时间，林女士和她上初中的儿子关系闹得挺僵，她只好请自己的一个做老师的姐妹刘老师调解。

这天，刘老师来到她家，单独会见她的儿子。这个大男孩上小学时参加过刘老师组织的夏令营，对刘老师很热情，也很乐意和她聊。

"我妈对别人客客气气，对我却总是大发脾气。每天我妈下班一回来，我打开门，只要见她脸拉得老长，我便立刻跑回自己的房间，把门关紧，省得挨骂。"说着男孩举出几件实例。

"你妈也不容易，她在单位是领导，操心的事不少，她回家又要做饭，照顾你，够累的，爱发脾气可能是到了更年期……"

"更年期？"没等刘老师讲完，男孩就迫不及待地接过话头，"自打我上学，我妈脾气就这么坏，更年期怎么这么长？您给我来个倒计时，更年期哪天结束？我也好有个盼头！"

刘老师忍不住笑起来。她很同情这个男孩，事后她对林女士说，我们不能怪孩子不理解我们，我们也该改变改变自己了，尽管改变自己不容易。平时，我们很在乎孩子的物质要求，注重对孩子生活上的照顾，却忽视了孩子的情感世界，特别是忽略了自己在孩子心目中的形象定位。

林女士听到儿子对她的看法，说了句："如今当父母真难，我们小时候哪有那么多事！"可她还是答应，要改变自己对孩子的态度。

的确，从这个案例中我们看到了，新世纪要做好父母、与青春期的男孩沟通真是不容易。问题出在哪里？也许是青春期这个特殊时期的原因，也许是父母的沟通方法出了问题。

做父母的首先要注意沟通的方式方法。先反思一下：您是否唠叨？您与儿子的话题是否永远都是学习、听话？您是不是经常暗示儿子一定要考上大学？那您是否发现，儿子越来越不愿意和您交流？您的儿子是不是觉得您越来越"土"？之所以请您反思，是因为男孩在长大，或多或少会表现出逆反心理，我们越是要求他们，他们越不听。最好的方法是改变我们自己的态度和做法，打开与孩子的交流之门，缩短与孩子的心灵距离。

事实上，学习是大多数青春期男孩最反感父母与之唠叨的一个话题，要想跟男孩做好沟通，最好避开这一话题。

然而，不少父母会问，我该和儿子聊什么呢？其实，要和男孩做朋友，就必须与时俱进，了解你的孩子在想什么，了解孩子才有共同语言。那么，哪些话题更适合与青春期的男孩沟通呢？

1. 谈点新话题

这些新话题应该是在青春期的孩子之间流行的，如最近哪个明星最红，足球赛哪个队赢了等。了解这些新事物，能让儿子觉得父母不"土"，也就愿意与父母沟通了。

2. 谈点孩子感兴趣的话题

任何谈话，如果双方所交谈的话题是交谈者自己感兴趣的话题，他就会投入十二分的热情，但是如果他对所说的话题没有丝毫兴趣，即使场面再大，对方热情再高涨，也会觉得寡淡无趣。作为父母，要想和儿子和平相处，并得到对方的认同，你就要彻底了解儿子的所"好"，了解他感兴趣的话题，如儿子最喜欢的球星是谁？他喜欢什么款式的衣服？他最喜欢做的事是什么？从儿子最关心的这些话题开始谈起，才会激发他的沟通意愿。

3. 谈孩子知道而家长不知道的话题

时代在发展，社会在进步，男孩的思维和知识面未必不如父母。作为父母的我们每天为了工作和柴米油盐奔波，可能有很多不了解的知识。此时，我们可以向男孩请教，这样能让男孩觉得父母对自己的尊重，一旦打开了沟通的心门，再让男孩从心底接受父母的教育和引导也就不是难事了。

现代家庭中的教育，已经不像从前那么简单了，作为家长，若想获得家庭教育的成功，首要要更新家庭教育思想和观念。每个时代有每个时代的家庭教育观念，21世纪的家长为什么会在家庭教育中产生困惑？主要是现在社会变化太快了。现在我们应该既把男孩当儿子，也把他们当作朋友，当作一个与家长有平等关系的公民。我们必须抛弃"天下无不是的父母"这种陈腐的观念。只有这样的沟通，才是平等的沟通，也才是能让男孩接受的沟通。

尝试运用非语言的方式与男孩沟通

家长的烦恼

有一天，小区几个男孩的母亲在一起聊天。

其中一个母亲说："最近我们机构要组织一个训练营，有很多内容是我都不知道的，其中。就有一个什么，和孩子使用非语言的交流方式。"

"那是什么啊？"

"在孩子小的时候，我们都愿意去抱抱孩子，亲亲孩子，那时候，孩子与我们的关系是那么的密切，小家伙们一天都离不开妈妈，可是现在，孩子大了，我们照顾孩子的时间也少了，孩子离我们也远了，我们还记得每天晚上在孩子睡觉前亲一下他的脸颊吗？当孩子受到挫折时，我们有给孩子一个安慰的拥抱吗？"

"是啊，似乎我们把这些都遗忘了，我们要拾起那些我们遗失的爱，孩子肯定还会重新回到我们的怀抱的……"

"是啊，那赶快去吧，明天训练营就要开课了，你们肯定会受益匪浅的。"

的确，作为男孩的父母，你是否发现，当男孩还小的时候，我们会特别留意他，会留意他的声调、面部表情、动作、姿势等，会用自己的行动表达对他的爱。可当男孩进入青春期，不再是儿童后，做父母的反倒把这种表达爱的方式搁浅了，而这种细微的变化，很多父母都没有注意到，男孩也在离我们越来越远，甚至产生叛逆的情绪。很多家长抱怨说："都说孩子进入青春期之后就容易'较劲'，但我发现我家儿子对别人都是好好的，一回到家里就专门跟我对着干，就好像他的'较劲'对象主要就是我一样。"事实上，没有教不好的男孩，只有不好的教育方法。只要方法妥当，任何男孩都是优秀的；只要用心，总能找到合适的教育方法，而男孩更需要的是家长的爱和关心。

语言是我们沟通的常用工具，但人类除了语言还有其他的交流工具，那就是身体语言。人的一颦一笑甚至一个眼神，都体现某种情感、某个想法、某个态度。

很多人认为语言的交流方式给人提供了大部分信息，事实上，语言学家艾伯特·梅瑞宾的研究表明，人与人之间的沟通高达 93% 是通过非语言沟通进行的，只有 7% 是通过语言沟通的。而在非语言沟通中，有 55% 是通过面部表情、形体姿态和手势等肢体语言进行的，只有 38% 是通过音调的高低进行的。

由此可见，非语言信息在沟通过程中是多么重要。然而，一份社会调查却显示，在亲子之间的沟通中，非语言沟通常常被忽视。

事实上，很多家长一直采用错误的非语言沟通方式与男孩交流，如经常向男孩发脾气、拍桌子、摔东西等，这些都会被男孩理解成你极度嫌弃他的信号。这些非语言行为都是拒绝沟通的信息，因此会更加阻碍亲子之间的沟通，破坏亲子关系。

运用非语言的沟通方式与男孩交流。

1. 用眼神"教育"男孩

身体接触往往比语言能更好地表情达意。有时候，哪怕你一个鼓励的眼神和微笑，都会让你的孩子充满无穷的动力。因此，聪明的父母总是会在某些时刻给男孩一个肯定、坚毅的眼神，让男孩更自信。

2. 用握手向男孩表达友好

有研究人员曾通过实验研究了握手的效果，结果证明：身体的接触行为能增强人与人之间的亲近感，即使是初次见面的人，也有同样的效果。为了强化这种效果，有人会伸出双手与人握手，这样的人大多非常热情。

想必大多数父母也明白握手是一种表达友好的方式，是平等沟通的一个表现。而青春期的男孩，都希望与父母平等地对话，因此，日常生活中，如果我们能把这一非语言沟通形式放到对男孩的培养中，相信是能起到一定的积极作用的。

3.给男孩一个拥抱，给他力量

例如，男孩取得了一个好成绩，做父母的，需要赞扬、鼓励他，这时，如果父母单纯地用语言与他沟通，告诉他："儿子你真棒，妈妈为你而骄傲！"他也会很高兴，但是这种高兴劲也许没过多久就被他忘记了；如果父母运用非语言与他沟通，微笑地走到孩子面前，给他一个拥抱，然后再告诉他："儿子，妈妈为你而骄傲！"这样，他将永远也不会忘记妈妈对他的赏识和鼓励。

总之，在生活中，尝试着用非语言的方式与孩子沟通吧，但你还需要注意以下三点。

第一，尝试以身体接触代替言语交流。

第二，有些男孩不喜欢太多的拥抱，别强迫他这样做。尝试寻找其他与之亲近、感受亲密、向他示爱的方式。

第三，如果身体接触的习惯已经消失，在男孩睡觉前或看电视时，甚至只是紧挨你坐着时，轻轻抚摸他的前额、脑袋或手，可以使身体接触的习惯重新回到你们家中。

发现男孩身上的优点，及时表扬

家长的烦恼

小宇是个很听话的男孩，但成绩却极差，是班级中的后进生，这令他的父母很是头疼。他的妈妈对老师说："孩子自上学以来，被老师留下是常有的事。为了他的学习，我放弃了工作，每天检查作业，辅导他，但还是很差，我早就对他没信心了。我很失败，我教一个孩子都没教好。您教这么多学生，对小宇这么关注，我们很感谢您。"

老师望着小宇妈妈一脸的无奈，恻隐之心油然而生，说道："小宇其实一点也不笨，只是对学习没有兴趣，自觉性差些，我们的教育方法不适合他，我想只要家长和我们都能肯定他，鼓励他，他会进步的。"小宇妈妈仿佛一下子看到了希望。

后来，小宇妈妈开始对小宇实行赏识教育。小宇回家后，她即使再忙，也陪小宇一起做作业，并鼓励："乖儿子，你的字好像越写越好了，后面的如果也像这样，该有多好，妈妈相信你以后能从始至终都写好的。"小宇露出了惭愧又充满信心的表情。

除此之外，小宇的妈妈在儿子遇到学习中的问题时，也会将心比心地说："你会做这么多道数学题已经很不错了，妈妈那时候做数学检测，100题只能答对30题。"

后来，当小宇妈妈再次去学校开家长会时，老师对她说："小宇现在学习很努力，上课经常主动发言，课堂上总能够看到他高举的小手了，让同学们对他刮目相看了，课间他不再独处了，座位边也围上了同学。"听到老师这么说，小宇妈妈很是欣慰。

从上述案例中，我们得出，家长一定要好好运用"赏识"这个法宝，不要因为儿子做好了、学好了是应该的事而疏于表扬。渴望被人赏识是人的天性，尤其是对于青春期的男孩来说，他们更希望获得父母的肯定。

心理学家曾经做过一个关于"孩子最怕什么"的调查，结果表明：孩子最怕的不是生活上苦、学习上累，而是人格受挫、面子丢光。美国心理学家威谱·詹姆斯有句名言："人性最深刻的原则就是希望别人对自己加以赏识。"

青春期的男孩是正处于生理、心理变化关键时期的特殊群体，他们尚未形成独立的自我意识，非常在乎他人对自己的看法。因此，表扬男孩，尊重他，相信他，鼓励他，不仅可以及时发现他们身上的优点和长处，挖掘隐藏在其身上巨大的、不可估量的潜力，而且能够缩短家长和男孩的距离，从而促进男孩的健康成长。

很多家长说，我该怎么夸孩子呢？总不能一天到晚说"好啊，乖啊"。这里就谈到了赏识教育的中心话题，鼓励孩子，让孩子在"我是好孩子"的心态中觉醒，同时一定要注意表达的方式和内容。具体来说，你的赏识必须满足以下两个要求。

1. 真实的

我们对于男孩的表扬一定要是发自内心的，而不是虚伪的。你可以不直接表达你的赞赏，如你可以说："南南，你这件球服呀，我也想给我家晓明买一件呢，却一直没见到，回头你能不能带我去？"你这样说，他也会觉得自己的衣服很好看，觉得自己的眼光得到了别人的肯定，你没有直接夸奖，但效果达到了。不要认为男孩是可以随便哄哄的，假惺惺的夸奖也会被他们识破。

2. 表扬不要附带条件

有些家长虽然也认识到了表扬男孩的重要性，但却担心男孩会骄傲，于是，他们常常会在表扬后加上一个附带条件，如说："你做这件事很对，但是……"这类家长认为这样会让男孩更有心理承受能力，其实，男孩最害怕这类表扬，他们会以为你的表扬是假惺惺的。因此，你千万不要低估男孩的智力，他是能听出你的话中话的。

对于男孩的表扬最好是具体的，如："真乖，今天你开始自己学会洗衣服了。""我听李阿姨说你今天主动跟她打招呼了，真是个懂礼貌的孩子。"……

总之，我们都知道，孩子是父母的作品。所以，任何父母都希望自己的孩子足够优秀。要想让男孩长大后成为一个自信的人，我们就要学会表扬男孩，让男孩看到自己身上的优点。

批评男孩要适度，不可伤害其自尊

家长的烦恼

强强已经14岁了，周末，妈妈带着强强一起逛商场，想给强强买一些学习用品.其间，强强看上了一款新运动鞋，非要买，妈妈说该回家做饭了。强强就是不走，这时候，妈妈说："我的乖儿子，妈妈知道你很喜欢这双鞋，但你发现没，你的鞋已经很多了，你看，妈妈每天都要辛苦地工作，爸爸也是，就是希望能挣钱给你提供最好的教育，你现在已经长大了，是不是应该体谅一下妈妈呀？"妈妈说完后，强强很明显不高兴了，接下来，妈妈说："要不，等下周妈妈发了工资就给你买，好不好？"听到妈妈这样说，强强高兴地答应了。

第二周的一天，妈妈下班后对强强说："妈妈今天带你去商场买那双鞋？"但强强却对妈妈说："不了，妈，我要乖一点，以后不会乱买东西了。"

听到强强这样说，妈妈欣慰地笑了。

这个故事中，强强妈妈的教育方法值得很多父母借鉴，当我们批评和教育男孩时，一定要注意方法，如果我们大声训斥男孩，则会让男孩产生逆反情绪。生活中，就有这样一些家长，他们一遇到男孩犯错误的情况，就大声责骂男孩，而结果，男孩反对的声音比他更大，最终，双方的情绪都很激动，让亲子之间的关系很紧张。

英国教育家洛克曾说过："父母不宣扬子女的过错，则子女对自己的名誉就愈看重，他们觉得自己是有名誉的人，因而更会小心地去维持别人对自己的好评；若是你当众宣布他们的过失，使其无地自容，他们便会失望，而制裁他们的工具也就没有了，他们愈觉得自己的名誉已经受了打击，则他们设法维持别人的好评的心思也就愈加淡薄。"实际情况正如洛克所述，尤其是青春期，如若被父母当众揭短，甚至被揭开心灵上的"伤疤"，那么男孩自尊、自爱的心理防线就会被击溃，甚至会产生以丑为美的变态心理。

而生活中，很多家长看到男孩犯错误就急了，批评起来过火，也不注意地点和场所，就大声地呵斥男孩，甚至在很多围观者的面前动手打男孩。有些家长更过分，只要男孩犯了一点小错，就新账旧账和男孩一起算。把陈谷子烂芝麻的事情一股脑儿地给抖露出来，以为这样的强刺激对男孩会起到较深刻的教育作用。而家长忘记的是，你在教育的是一个青春期的男孩，你当众批评他，严重伤害了一个男孩的自尊，让他以后在人前抬不起头来。其实，你越过火男孩越反感，并未取得应有的教育效果。反而让男孩对你产生严重的反感情绪，这时候，你就失去了教育男孩的"武器"——父母的威严。严重的，很多男孩还会产生逆反情绪，甚至会反抗父母的教育。

对此，很多家长会产生疑问："青春期男孩自尊心强，难道就不能批评了吗？"答案当然是不，而是批评男孩要掌握一定的原则和技巧。

1. 注意时间和场合

批评男孩要避免以下三个时间：清晨、吃饭时、睡觉前。

在清晨批评男孩，可能会破坏男孩一天的好心情；在吃饭时批评男孩，会影响男孩的食欲，长此以往会对男孩的身体健康不利；在睡觉前批评男孩，会影响男孩的睡眠，不利于男孩的身体发育。

2. 批评男孩之前要让自己冷静下来

男孩犯了错，家长担心男孩会学坏很正常，难免也会产生一些情绪，但千万不能因为一时情绪失控而说出不该说的话，做出不该做的事而伤害到男孩。

3. 先进行自我批评

父母和男孩每天打交道，也是男孩的第一任老师。男孩犯了错，父母或多或少都有一定的责任。在批评男孩之前，如果父母能先来一番自我批评，如"这件事也不全怪你，妈妈也有责任""只怪爸爸平时工作太忙，对你不够关心"等，会让家长和男孩的心理距离一下子拉得很近，会让男孩更乐意接受父母的批评，还可以培养男孩勇于承担责任、勇于自我批评的良好品质，一举多得，父母又何乐而不为呢？

4. 一事归一事

有些父母很喜欢"联想"，一旦男孩犯了什么错，就能联系男孩犯过的所有错误，甚至给男孩贴上坏孩子的标签，这样只会给男孩造成心理阴影。事实上，在批评孩子的时候，我们只要明白自己的批评是为了让他知道，做什么样的事会带来什么样的后果就行了。

5. 给孩子申诉的机会

导致男孩犯错的原因是多种多样的，有男孩主观方面的失误，但也有可能是不以男孩的意志为转移的客观原因造成的。从主观方面来说，有可能是有意为之，也有可能是无心所致；有可能是态度问题，也有可能是能力不足；等等。

所以，当男孩犯错后，不要剥夺男孩说话的权利，要给男孩一个申诉的机会，让男孩把自己想说的话和盘托出，这样家长会对男孩所犯的错误有一个更全面、更清楚的认识，对男孩的批评会更有针对性，也让男孩能心悦诚服地接受自己的批评。

6. 批评男孩之后要给男孩心理上一定的安慰

男孩犯错后，情绪往往会比较低落，心情往往也会受到影响。父母在批评男孩后，应及时给男孩一些心理上的安慰，从语言上来安慰男孩，如说些"没关系，知道错了改正就行""我知道你是个聪明的孩子，自己会知道怎么做""爸爸妈妈也有犯错的时候，重新再来"之类的话。

总之，在家庭教育中，父母对男孩的说教应注意"度"。如果"过度"，会伤害男孩的自尊，掌握好分寸，做到"恰到好处"，才能使你的训导对男孩起到"四两拨千斤"的作用。

第 13 章

10~16 岁，多交流，给男孩插上快乐学习的翅膀

对于很多父母来说，男孩到了青春期，他们就会对男孩有更多的期望，因为这个阶段是男孩长知识的重要时期。但同时，此阶段男孩的学习任务也急剧加重，这段时间的男孩最需要父母给予学习上的辅导。因此，我们不仅要做好父母，还要做好家庭教师。针对男孩的学习困扰，我们一定要引起重视，但更要注意方式，我们要多注意引导，多培养男孩的兴趣、激发男孩的求知欲、传授正确的学习方法，从而让其提高学习效率，提升学习成绩！

不想学习怎么办——激发男孩的学习兴趣

家长的烦恼

宋先生和太太最近很头疼，因为他们的儿子宋兴已经升入中学了，但是却开始厌学了。

后来，开家长会后，班主任老师和宋先生及其太太谈了谈，当时宋兴也在场。

"宋兴同学，你能告诉老师，为什么你学习这么刻苦，成绩却不见提高吗？"老师说完，宋兴看了看他妈妈，好像不敢说的样子。老师好像看出了这点，就鼓励他说："有什么话你今天就当着老师和爸爸妈妈的面说清楚，这对你的学习有好处啊。"

"其实，我对学习根本就没什么兴趣，每次，我都是强迫自己背单词、做数学题，因为每天回家之后，妈妈都会检查我当天的学习情况，我只能这样。"宋兴说完，还是朝妈妈看了一眼。

"哎，这年头，我们大人为了孩子，付出了一切，可是，我们真的不知道孩子要的是什么，就跟我们家宋兴一样，我也知道，每天回家后，虽然他表面上看在学习，但心思却不在书本上。"宋兴妈妈说。

"我大概知道你们家宋兴学习成绩上不去的原因了，因为他对学习提不起兴趣，所以花的时间虽然多，但却没有什么效率。"老师继续说："作为家长，你们现在要做的，就是激发孩子的学习兴趣。"

常言道，兴趣是最好的老师。没有学习兴趣也是很多男孩学不好的原因之一，当他在某学科上学得不好，成绩很差，问他是什么原因时，他会理直气壮地说："我没兴趣！"有些男孩说："我对学习没有兴趣，我学不好，我不学了！"

可见，没有了兴趣，也就没有了学习，兴趣对学习起基础、决定性作用。而男孩进入青春期后，课程内容增加、学习负担加重，如果男孩不能主动、积极地学习，那么，学习效率就会低下。所以，父母一定要注意激发男孩的学习兴趣。

对此，我们需要这样引导男孩：

1. 让男孩自主选择，帮助男孩培养高尚的兴趣倾向

因为望子成龙思想，有些父母对男孩寄托了很大的希望，他们在男孩进入青春期后，为了不让男孩掉队或者想让男孩成为学习上的佼佼者，千方百计地想让男孩学得好，懂得多，于是，他们把男孩的周末安排得满满的。同时，他们还按照自己的主观意志去"规定"男孩的兴趣，而不是尊重男孩自身的兴趣，这样往往会延误孩子的发展。男孩不按照自己的学习兴趣去学习的话，学起来会很辛苦，学习效率自然无法提高。如果我们能按照男孩的学习愿望去学习，把"望子成龙"修改为"望子成器"，让男孩拥有自由发展的空间，效果可能会更好。

2. 把男孩的兴趣和学习联系起来，让男孩产生明确的学习目的

例如，家长可以这样问："你为什么对电脑游戏这么感兴趣呢？"

"因为我想当个游戏的开发人员啊。"

"真没想到你有这样大的抱负，但游戏开发不是一个很简单的行业，一般人是进不了这个行业的。"

"那爸爸，您觉得怎样才能进入这个行业呢？"

"只有进入高等学府去深造，掌握大量的科学知识，在前人技术的基础上有所创造才可以。"

当男孩听完这些后，就会有一种想法：我必须考上大学，然后在这个领域深造，才能进入这一行业。这样，男孩就会真正明白：他应该去好好学习了。

而在这一过程中，整个交谈氛围是很和谐的，也使得亲子之间的感情在一点点升温，男孩对父母既感激又崇拜。

3. 找到孩子提不起学习兴趣的原因，对症下药

我们父母首先要和男孩自由沟通，以温和的态度和孩子探讨为什么不喜欢学习。父母只有了解他的问题所在，才能为他解决。如对于因学习困难而对学习不感兴趣的男孩，家长要耐心地帮助孩子找到困难的原因，帮助他掌握科学的学习方法。

有些学科太难了——如何帮助男孩改善偏科现象

家长的烦恼

王先生的儿子亮亮已经初三了，学习成绩一直不错。

一次数学测验，下课铃响了，亮亮还在埋头答题，数学老师催了几次，他都跟没听见一样。数学老师发火了，走过去夺卷子，亮亮用手一按，卷子撕破了，数学老师怒气冲冲地拿着卷子走了。亮亮在当天的日记里写道："我恨死数学老师了，今后，我上课不听她的课了，在路上遇到她，我也不和她讲话！"

就这样，亮亮由一个数学尖子生成绩一路滑坡，在后来的考试中，成绩也是一次比一次差，王先生为此很伤脑筋。

青春期男孩偏科的原因有很多种，案例中的亮亮就是和老师发生矛盾而影响了对该学科的兴趣导致偏科。但作为父母，我们都明白，每个青春期的男孩，在学习上都要做到学科均衡发展，不可偏科。

可能你的儿子也有这样的烦恼：对于自己不喜欢的学科，越是不喜欢，就越不想学，久而久之，导致自己学习成绩越来越差。俗话说，兴趣是最好的老师。在学习中，兴趣是一种强大的动力，一旦人们对某一学科产生兴趣，就会促使他们积极探索，克服困难，直至成功。但中学阶段的大部分学科都是枯燥的，再加上一些学生可能不喜欢某门学科的老师，或者学习底子差，进而逐渐开始不喜欢这门学科，而对学科没有兴趣反过来也让他们没有学习动力，学习成绩自然会下降。

作为父母，我们都应该成为男孩的学习导师，帮助男孩克服偏科现象。以下是几点建议。

1. 帮助男孩了解学习不同学科的意义

男孩不喜欢某一门学科，可能是因为他对这门学科的重要性认识不足。而且有些课的内容本身枯燥，不一定是老师的责任。每门学科都是有用的，男孩都必须学习。学会去做好不喜欢做的事情，也是他走上社会之后必修的一课，无法任性地逃避。

例如，如果男孩不喜欢英语，那么，你要告诉他："英语是一门工具课，无论你将来从事何种职业，都是必需的。如果你等到需要用的时候再努力，就失去了最佳的发展时机。"

2. 告诉男孩可以尝试投入和喜欢这些学科

人的态度对学习是很重要的，有时态度决定一切。心理学研究表明，当一个人对某一事物不感兴趣时，可以假装喜欢，告诉自己，其实我挺愿意去做这件事的。这样一段时间以后，你就会在不知不觉中改变自己的态度，变得对这件事情感兴趣了。

3. 男孩不喜欢这些学科，可能与学习成绩有关

其实很多东西，在一个人不会，没有获得成就感的时候，往往是"没意思"的；如果他迫使自己去学习，并获得进步，可能就会发现兴趣。

如果男孩在这些学科上学习成绩不太理想，你要告诉他，不要过分焦虑，不妨降低一点目标，采取逐步提高的办法。同时，也可以了解一下别人的学习经验，加以借鉴。要相信，一分耕耘，一分收获。当男孩的成绩有所进步时，男孩的信心也会因此得到增强，学习兴趣也就相应地得到了提高。

总之，我们要让男孩明白的是，所有的课程都是向别人学习的机会。三人行必有我师，因此，无论男孩喜欢不喜欢一门课，我们都要培养他学习的兴趣，只有这样，他才能真正端正态度努力学习。

需要督促才学习——让男孩自动、自发地学习

家长的烦恼

有一天，王奇和同学在家里玩游戏，这天刚好是周六，两人居然玩了一整天。当王奇的爸爸妈妈回来时，他们还在"战斗"中，王先生有点生气，但他还是语重心长地教育王奇。

"奇奇，你为什么每次都要我们督促才学习呢？你觉得学习是为了谁呢？"

"为了你们啊，我考好了，你们在单位同事面前就很有面子了。"王奇得意地回答着。

"儿子，你这么想就不对了，学习都是为了自己，爸妈在同事面前夸你，是因为我们高兴，最终受益的是你自己，知道吗？"王先生说。

"王叔叔说得对，王奇你这种想法可不对。谁都希望子女比自己强，辛辛苦苦地供孩子读书，也是希望孩子以后能有好的生活。我们应该给自己确立一个目标，努力朝目标奋斗。"王奇的同学纠正道。

经过这一番谈话后，王奇和同学在家打游戏的次数明显少多了。原来，他是躲进书房学习去了。在接连几次的月考中，王奇的成绩提升得很快。

的确，青春期的男孩正处于身心发展时期，更是学习发展的绝佳时期。而男孩总是被动、消极、等待父母催促的学习状态，是很不利于提高学习成绩的。

在竞争激烈的当今社会，一个人的竞争力如何，很多时候体现在他是

否有自主学习的能力上，因为这涉及一个人最终能否获得丰富的知识，能否变得博学。同样，青少年学生也应该学会自觉、自主地学习。如果男孩能做到自主学习，那么，他的学习效果就会显著加强，远非注入式教学所能相比。

古人说得好："善学者教师安逸而功倍，不善学者教师辛苦而功半"，一个学生一旦有了自觉学习的理念，他就能主动学习，独立思考，将来长大参加了工作，他也能找到自身的不足，不断地扩充自己的专业知识水平，懂得探究，最终实现发明创造。

当然，自主学习的能力不是一朝一夕形成的，它是在学习实践中反复训练、反复运用、不断提高的。让男孩学会自动、自发地学习，需要作为父母的我们不断引导。

针对学习问题，我们要这样与男孩沟通：

1. 帮助男孩端正学习目的

你要告诉他：你为什么而学习？是父母强逼你学习，还是你有着伟大的梦想？如果在男孩看来学习是一件无奈的事，那他又怎么可能投入全部的热情学习呢？

2. 帮助男孩制订详细的学习计划

盲目地学习是没有好的效果的，效率差的学习会让男孩的自信心逐渐消失殆尽。因此，你最好帮助男孩制订一份详细的学习计划：每天干什么，什么时间干，要有详细的计划。计划要切合实际，要略高于他现在的学习能力。

因为这样能让学习计划来帮助男孩规范自己，约束自己，提醒自己，鞭策自己！依计划而行，则有条不紊，顺理成章；无计划行事，则漫无目的，失去所向。

3.督促男孩坚持学习计划

一直以来，学习都不是一件很轻松愉快的事情，也不是一蹴而就的事情，它必须付出艰苦的劳动。告诉男孩，不要把学习看作一种负担，一种包袱和苦差事，学习是一种追求、兴趣、责任，是一种愿望，学知识是为人生更快乐，更有滋味，更有激情。

总之，学习过程中，男孩自身才是学习的主人，你应该告诉他学会将自己的全部感官都调动起来，然后积极地参与到学习中去，自己去看书、去思考、去发现问题，分析问题、解决问题，从而让其掌握自主学习的方法，探索知识的规律。

对待学习总是提不起劲头——重燃男孩学习的热情

家长的烦恼

马先生有一段时间很烦恼，因为儿子马江的学习问题，远在美国的他必须亲自回国一趟，为儿子办理退学手续。实际上，马江从前是个读书努力、听话的好孩子，但上了初三后，却变得懈怠了。事情是这样的：

马江还小时，父母就把他丢给了爷爷奶奶，爷爷奶奶对于他关怀备至，让他衣食无忧，还生怕他在小伙伴中吃亏，所以他与同龄人的接触机会被剥夺了。同学们都说他太自私，不愿与他来往。他自己也将自己封闭在小圈子里，一心向学。上初三后，他的心变得不安起来，看到班上的同学三五成群在一起聊天、说笑以及讨论问题，他感到更加孤独，他逐渐觉得自己读书不快乐，于是试着走近他们，但他们却不太理他，他自己感觉怎么也融入不进去。渐渐地，他为上学发愁，看书更添烦恼，上课不认真听讲，沉默寡言，心事重重，几乎不再拿书本，学习成绩由全班第一变成倒数。

案例中，马江之所以学习成绩下降，是由于失去了学习的动力，找不到学习的乐趣和动机。青春期是男孩长身体、长知识、长智慧的时期，也是其道德品质与世界观逐步形成的时期。他们面临着生理与心理上的急剧变化，加之每天周而复始的学习生活，很容易产生心理上的"变异"。一般表现在以下三个方面。

第一，不认真上课，注意力不集中，思维涣散，或者打瞌睡，或者做小动作，严重的还会干扰其他同学听课。

第二，课下不愿意自主学习或者根本就不学习，对于老师布置的作业或者练习，也是草草了事或者根本就不予理睬。对考试、测验无所谓，只勾几道选择题应付了事，既不管耕耘，更不管收获。

第三，逃学，这是厌学的最突出表现，也是最严重的表现。这些男孩总是找理由旷课，然后外出闲逛、玩游戏等。严重者，甚至跌到少年犯罪的泥坑。

这些表现我们都可以归结为学习消极、没热情。对此，父母可以通过积极暗示法让孩子重新燃起热情。

具体来说，我们可以这样与男孩沟通：

1. 阐述自己的经验，暗示男孩学习的重要性

男孩年幼的时候，可能不懂得为什么父母要我好好读书，但在青春期时，父母应有意识地向男孩阐述自己的经验。

男孩有了这样的心态，即使他们在学习的过程中遇到了很大的压力，

也能找到适当的方式发泄。

2. 表达对他殷切的期望

积极期望就是从改善学习者自身的心理状态入手，让他对自己不喜欢的学习内容充满信心，相信它是非常有趣的，自己一定会对它产生信心。想象中的"兴趣"会推动男孩认真学习，从而逐渐对学习产生兴趣。

3. 教育男孩从达到小目标开始

在学习之初，帮助男孩确定小的学习目标，学习目标不可定得太高，应从努力即可达到的目标开始。不断的进步会提高他的信心。

4. 帮助男孩培养自我成就感

在男孩学习的过程中每取得一个小的成功就进行奖赏，达到什么目标，就给他什么样的奖励。有小进步，实现小目标则小奖赏，如让他去玩一次自己想玩的东西；有中进步、实现中目标则中奖励，如买一本他喜欢的书画或一件乐器等；有大进步、实现大目标则大奖励，如周末旅游等。这样通过渐次奖励来巩固男孩的行为，有助于产生自我成就感，也会逐渐建立学习的积极性。

一到考试就紧张——让男孩远离考试焦虑

家长的烦恼

坤坤是个贫困生，长时间的心理压力让他不得不看心理医生。他在心理咨询中说道："我的家庭十分拮据，父母挣钱很艰难，但他们都极力支持我读书，并说只要我考得上大学，愿意倾家荡产，贷款也要供我读书。回到家里，不管有多么繁忙，他们也不让我做家务，因为我的任务就是学习。在别人看来，我是一个多么幸福的孩子，可哪里知道，在这'幸福'里，我背负了多么沉重的心理压力，我怕考试，我怕自己成绩考差了，对不住全家人。"

这里，我们可以看出，坤坤的考试压力来自家庭，父母供他读书不容易，对他期望太高。因此，一旦考试失利，就很容易产生负罪感，父母的期许成了他的负担。

我们不可否认，青春期男孩身上的学习压力很大一部分来自外界，如父母的、老师的、同学之间的，但压力终究是自身的一种精神状态，也是可以解除的，这需要作为父母的我们做孩子的心理导师。

以下几种方法可以帮助青春期男孩平衡自己的内心，正确处理考前的焦虑问题。

1. 鼓励男孩，告诉他："你可以。"

无论做什么事，自信对于一个人来说都是极其重要的，这关系到一个人的潜能是否能被挖掘出来。很多的科学研究都证明，人的潜力是很大的，但大多数人并没有有效地开发这种潜力，假如你有了这种自信力，你就有了一种必胜的信念，而且能使你很快就摆脱失败的阴影。相反，一个人如果失掉了自信，那他就会一事无成，而且很容易陷入永远的自卑之中。

青春期男孩考试就焦虑问题，一个重要原因就是对考试结果的期望高。如果他们抱着轻松的心情，不太在意考试结果，那么，自然就能心平气和地面对考试。

为此，作为父母的我们一定要鼓励男孩："你可以的"，并告诉他们不要太在意考试成绩，想必他是能控制自己的焦虑情绪的。

2. 告诉男孩几种考前减压的方法

（1）考前两天：增强自信，择要复习。告诉男孩："你在考前复习要有所侧重，只要检查一下重点内容是否基本清楚就可以了。所谓重点，一是老师明确指定和反复强调的内容；二是自己最薄弱的、经常出错的地方。如果确认这些地方已没有问题，就可以安下心来，并反复暗示自己'复习很充分，一定可以。'"

（2）考试前夜：尽情放松、睡眠充足。考前的休息也十分重要，千万不要在考试前夜牺牲睡眠时间去复习，这是得不偿失的。临考前夕，要尽情放松，看看花草散散步，减轻心理紧张度，听听音乐愉悦心情，打打球调剂大脑，早些休息，一定要避免思考过多，精疲力竭。

（3）考试当天：适时到校。考试当天，首先必须做到吃早吃好。也就是说要有充足的用餐时间，最好在考前一个半小时用餐完毕。否则会因过多血液用于消化系统，使大脑相对缺血，影响大脑功能的发挥。

在到考点时间上，一般在考前 20 分钟到校为宜。太早了，遇到偶发事件的可能性增大，极易破坏良好的心态。过迟，来不及安心定神，进入考试角色的心理准备时间太短，有可能导致整场考试在慌乱中进行，造成不必要的失误。

（4）掌握一些答题技巧。你在具备了扎实的基础知识、基本技能，良好的心理品质后，考试时还应该掌握一定的应试策略，这里讲的应试策略就是科学地应试，掌握一定的方法技巧，这对实现考试目标有着至关重要的作用。总有一些男孩考试"怯场""晕场"，除了心理上的原因外，没有掌握科学的应试方法也是一个重要原因。

另外，我们还可以告诉男孩：如果做出以上努力后仍然怯场，也不必惊慌。这时男孩不妨按照以下步骤做：先搁下试卷，稍做一下揉面等活动，或伏案休息片刻，这种转移注意力的方法，有助于克服紧张情绪。也可采取深呼吸的方法慢慢呼气、吸气，同时放松全身肌肉。经过1~2分钟的练习，也能消除极度紧张状态。

学习效率低怎么办——协助男孩制订一份合理的学习计划

家长的烦恼

班级每个月的家长会又来了，会上，大家七嘴八舌地说起来。

"陈聪是怎么学习的呀？"一些家长凑在一起讨论。

"听说他并不是每天晚上做题到深夜，我家儿子每天都做好些习题，可是学习成绩就是不见好啊，这是怎么回事呢？"

"是啊，我家儿子也是，好像每天都忙忙碌碌的，有时候，饭都顾不上吃，努力学习，可学习成绩还是处在中等水平。"

这时，另外一位家长说："他们现在已经是初中生了，不能再以从前的学习方法学习，得重新制订一个合理的学习计划了，他们才会高效地学习呀，不然学没学好，玩没玩好，孩子两头受累啊！"

可能很多家长会发现，你的儿子很懂事，即使你不叮嘱，当他进入青春期后，也逐渐认识到了学习的重要性，认识到初中课程量的加大、学习的紧张等，于是，当他跨入初中大门的那一刻起，他就决定要做个优秀的学生，努力学习，希望可以仍然走在队伍前列，但事实上，他们似乎总是力不从心，总是感觉时间不够用，学习效率也很低。这是为什么呢？

其实，男孩是缺少一个合理的学习计划。合理的学习计划是提高孩子成绩的行动路线，是帮助孩子成功的有力助手。没有学习计划，学习便失去了主动性，容易造成东抓一把西抓一把，以至生活松散，学习没有规律，抓不住学习的重点，因而总是被其他同学远远地甩在后面。

当然，男孩的学习计划应该由他自己来制订，家长所要做的应该是从旁协助：帮助男孩把学习计划合理完善、监督男孩的执行、结合实际提出修改意见等，而不是越俎代庖，按照自己的希望亲自制订。

那么，父母应该怎样帮助男孩制订学习计划呢？

你可以遵循以下几个原则：

1. 合理安排时间，制定出作息时间表

例如，你可以让孩子制定出一张作息时间表，让他在表上填上那些非花不可的时间，如吃饭、睡觉、上课、娱乐等。安排好这些时间之后，选定合适的、固定的时间用于学习，必须留出足够的时间来完成正常的阅读和课后作业。完成这些后，你要看看他在时间上的安排是否合理，如每次安排的学习时间不要太长，40 分钟左右为最佳。学习不应该占据作息时间表上全部的空闲时间，总得让孩子给休息、业余爱好、娱乐留出一些时间，这一点对学习很重要。一张作息时间表也许不能解决男孩所有的问题，但是它能让你了解男孩如何支配这一周的时间。

2. 学习任务明确，目标切合实际

男孩制订完学习计划后，家长应当加以审核，要确保男孩学习任务明确，目标符合实际。因为很多男孩制订学习计划时，总是"雄心勃勃"，一天的时间恨不得要完成一周的任务。这样不切实际的目标往往是导致计划不能正常执行的主要原因。

3.学习计划应与教学进度同步

父母在帮助男孩制订学习计划的时候，一定要注意这点，只有这样，男孩才能把预习和复习纳进学习计划中。这就要求，在制订学习计划时，要以学校每日课程表为基准，参照学校老师的授课进度，再让男孩结合自己的学习状况制订计划。

4.计划应该简单易行而富有弹性

整个计划是否有一定的机动灵活性。正常情况下，计划都应该严格按时完成，但男孩的生活要受很多因素影响，难免会有特别的情况，所以就要求计划不能过于僵死呆板，要有一定的灵活性，可以不至于因为一个环节不能完成而打乱后面的所有计划。

总之，制订一份合理的学习计划，就等于为男孩找到了促进学习进步的金钥匙。帮助男孩制订严格的学习计划，养成守时、有序、高效的好习惯，是男孩一生受用不尽的财富。

记忆力太差怎么办——帮助男孩提高记忆的能力

家长的烦恼

李太太有一段时间很烦恼，儿子到了初中以后，好像就变得很迟钝，以前一篇古文很快就能背诵下来，现在每天抱着书本背好像也记不住。为了帮助孩子解决烦恼，她请教了小区的一个文科第一名的学生。

"我用的是目录记忆法和闭目回想法。目录记忆法，指的是：首先不要直接背内容，先把大目录背牢，然后再背小标题。这样体系建立了，各历史事件的关系也更明了，对整本书的理解也会加深。在背目录和小标题的时候会有很多新的领悟，直接背史实是很难体验到的。"

闭目回想法指的是：先闭上眼睛，然后回想书上某页的画面你可以自己去填充里面的具体内容。如果发现有个地方怎么也想不起来，就马上翻书，仔细地把这个盲区"扫描"一遍，然后继续闭上眼睛回想下面的内容。这种方法对于加深记忆非常有效。

记忆力差是很多青春期男孩苦恼的事情之一，课上学的知识很快就忘记了，有时候一个单词本来已经熟练地记下了，可很快就忘记了；做事丢三落四。这就是记忆力差。

为此，很多父母也为男孩的记忆力感到担忧，儿子的记忆力这么差怎么办？

提高记忆力的过程，实际上也是克服遗忘的过程，培养良好的记忆能力也不是什么不可能的事，只要男孩能在学习活动中进行有意识的锻炼。作为父母，我们可以告诉男孩以下几种增强记忆的方法。

1. 学习时集中注意力

其实，课堂上的时间是最好的学习和记忆时间，充分利用好课堂时间，课后只要稍花时间，加以巩固，就能真正获得知识。相反，如果精神涣散，一心二用，就会大大降低记忆效率。

2. 兴趣学习法

兴趣是最好的老师，这话并不是毫无根据的。如果男孩对学习毫无兴趣，那么，即使花再多的时间也是徒劳，也难以记住那些知识点。

3. 理解与记忆双管齐下

理解是记忆的基础。只有对知识点加以分析，然后理解，真正了然于心，才能记得牢、记得久，仅靠死记硬背则不容易记住。对于重要的学习内容，如能做到理解和背诵相结合，记忆效果会更好。

4. 运用多种记忆手段

5. 科学用脑

在保证营养、积极休息、进行体育锻炼等保养大脑的基础上，科学用脑，防止过度疲劳，保持积极乐观的情绪，能大大提高大脑的工作效率。这是提高记忆力的关键。

6. 掌握最佳记忆时间

一般来说，上午 9~11 时，下午 3~4 时，晚上 7~10 时，为最佳记忆时间。利用上述时间记忆难记的学习材料，效果较好。

7. 及时复习

遗忘的速度是先快后慢。对刚学过的知识，趁热打铁，及时温习巩固，是强化记忆痕迹、防止遗忘的有效手段。

8. 多回忆，巩固知识

要真正将某项知识记牢，就要经常性地尝试记忆，不断地回忆，这一过程要达到的目的是，可使记忆错误得到纠正，遗漏得到弥补，使学习内容记得更牢。

9. 读、想、视、听相结合

可以同时利用语言功能和视听觉器官的功能来强化记忆，提高记忆效率，比单一默读效果好得多。

总之，知识的积累就像建造房子，从砖到墙、从墙到梁，是一个循序渐进的过程。我们要告诉男孩，学习的时候一定要掌握一定的方法，这样，你在复习上的时间不需要很长，但效果会很好，磨刀不误砍柴工，就是这个道理！

参考文献

[1] 张丽霞 . 10~18 岁青春叛逆期，父母引导男孩的沟通细节 [M]. 北京：中国纺织出版社，2015.

[2] 朱美霖 . 与孩子沟通就这么简单 [M]. 北京：经济管理出版社，2015.

[3] 于薇 . 不唠叨让孩子听话的诀窍 [M]. 北京：经济科学出版社，2013.

[4] 凌云 .10~16 岁青春叛逆期，这样跟男孩沟通最有效 [M]. 北京：北京理工大学出版社，2014.